알아두면 쓸모 있는 세금 상식사전

직장인 세테크의 기술

알아두면 쓸모 있는 세금 상식사전
직장인 세테크의 기술

초판 1쇄 발행 2023년 3월 27일

지은이   최용규
발행인   곽철식

디자인   박영정
마케팅   박미애
펴낸곳   다온북스
인쇄   영신사

출판등록 2011년 8월 18일 제311-2011-44호
주소   서울시 마포구 토정로 222, 한국출판콘텐츠센터 313호
전화 02-332-4972   팩스 02-332-4872
전자우편 daonb@naver.com

ISBN979-11-90149-97-6 (13320)

알아두면 쓸모 있는 세금 상식사전

직장인 세테크의 기술

최용규(택스코디) 지음

다온북스
DAON BOOKS

주위 사람 중 누군가가 장사를 시작했는데 대박이 났다는 이야기를 들으면 배도 아프고 '나도 장사나 해볼까, 어떤 콘텐츠가 좋을지' 생각합니다.

그런데 직장인의 꾸준한 월급은 재테크에 있어서 자영업자보다 아주 좋은 기회를 제공합니다. 쥐꼬리만큼 남는다고 해도 말이죠. 그 이유는 다음과 같습니다.

먼저 직장인의 올해 연봉은 정해져 있습니다. 본인 의지로 월급을 몽땅 다 소비할 수도 있고, 투자나 저축할 수도 있습니다. 그러나 자영업자는 지난달에 돈을 잘 벌었다고 해서 이번 달에도 잘 번다는 보장이 없습니다. 재테크는 계획을 세우고 실행하는 것이 중요한데, 이런 측면에서 사업자보다 직장인이 더 유리합니다.

또 회사 근무를 오래 할수록 승진을 거듭하며 월급이 커집니다. 월급이 오르면 더 많은 투자가 가능합니다. 그러나 자영업자는 그렇지 않습니다. 자영업자의 수입은 근속연수가 오래되었다고 해서 반드시 오르지 않습니다.

마지막으로 회사에서는 근무에 필요한 모든 장비를 갖추어 놓고 직원에게 일을 시킵니다. 출퇴근 시 교통비만 부담하면 나머지는 회사에서 다 알아서 해결해주죠. 그러나 자영업자는 그렇지 않습니다. 장사가 잘 되면 다행이지만, 손해를 볼 때도 자영업자 스스로 모든 것을 다 부담해야 합니다. 하지만 직장인은 이런 부담이 없죠. 돈을 벌기 위한 리스크가 거의 없는 것입니다. 이런 이유로 직장인들은 굳은 의지만 있으면 지속적이고 계획적인 투자가 가능합니다. 종잣돈 역시 목표를 세워 모을 수 있습니다. 조급해하지만 않으면 됩니다. 여기에 이 책을 끝까지 읽어 세금•회계 상식까지 탑재하면 더할 나위 없이 좋습니다.

"당첨만 되면 회사 때려치우고 말 거야."

이번 주도 로또를 사서 지갑에 넣고 다니면서 이렇게 결심하지 않았나요? 직장 일로 스트레스를 받으면서, 하루에도 수십 번씩 마음속으로 사표를 쓰고 있지 않았나요?

금수저로 태어나지 않은 이상, 오늘도 우리는 지친 몸을 이끌고 출근 전쟁을 치르며 아침부터 일찍 일터로 향할 수밖에 없습니다. 이렇게 힘들 게 모은 돈 아닌가요? 자, 제대로 굴려봅시다. 그러기 위해선 먼저 세금 공부부터 시작해야 합니다. 그런데 왜 세금 공부부터 시작해야 하냐고요? 부자들의 관심사가 '돈을 더 버는 투자'에서 '돈을 아끼는 절세'로 이동하고 있습니다. 저금리로 투자처가 마땅치 않은 상황에서 세금이 워낙 비싸니 관심이 많을 수밖에 없습니다. 2%도 안 되는 금리에 투자하기보다 높은 세율의 세금을 절세하는 방법을 배우는 것입니다. 최근 부자들의 공통된 관심사가 바로 '세테크'입니다.

금융업 종사자들은 부동산으로 돈 버는 시대는 이제 끝났다고 말합니다. 그런데 부동산업 종사자들은 일반인이 주식이나 펀드로 돈 벌기 쉽지 않다고 합니다. 도대체 누구 말이 맞는 건가요?

전문가일수록 자신의 관점에서만 이야기합니다. 부동산은 부동산대로 주식은 주식대로 장단점이 있습니다. 여기서 중요한 것은 부동산으로 돈을 벌든, 주식으로 돈을 벌든, 소득이 있는 곳에는 세금이 따라 다닌다는 사실입니다.

세테크를 시작하려는 직장인에게 꼭 필요한 정보를 모두 담은 이 책, 〈직장인 세테크의 기술〉는 쉽고 깔끔한 정리로 '세테크 입문자가 꼭 읽어야 할 책'입니다. 왕초보도 술술 읽을 수 있도록 구성되어 있어 이 책 한 권이면 세테크를 전혀 모르는 '세알못' 씨도 당장 세테크를 시작할 수 있을 것이라 자신합니다. 자, 당신의 건투를 빕니다.

2023년 3월

차례

프롤로그 • 5

PART 01
알아두면 쓸모 있는 회계 상식

돈의 흐름을 알 수 있는 회계

인류 역사 최초로 기록된 이름은 누굴까? • 17 / 재무제표란 무엇인가? • 21 / 재무회계, 남을 위한 회계다 • 25 / 재무상태표, 일정 시점의 재산 상태를 보여준다 • 29 / 기업의 성과는 회계로 측정한다 • 33

30분 만에 재무제표 읽기

10분 만에 재무상태표를 읽어보자 • 41 / 10분 만에 손익계산서를 읽어보자 • 46 / 10분 만에 주석을 읽어보자 • 51 / 기업가치를 판단해보자 • 54

PART 02
알아두면 쓸모 있는 생활세금

알아두면 쓸모 있는 세금 상식

공격적인 투자보다 '세(稅)테크'에 주력하자 • 61 / 세금 종류부터 살펴보자 • 65 / 세테크는 선택이 아닌 필수, 개정되는 세법에 관심을 가지자 • 69 / 금융소득종합과세, 절세전략은? • 76 / 세금을 감면받는 9가지 방법은? • 80

알아두면 쓸모 있는 생활세금

최고의 재테크는 복권 당첨이다? • 87 / 주세, 술에 붙는 세금, 맥주 세금 인상 서민층을 위한 것이다? • 91 / 자동차세, 연납으로 절세하자 • 96 / 복권 당첨금 상속재산에 포함될까? • 100 / 유학 간 손주에게 보낸 생활비, 증여세 부과될까? • 104

PART 03
알아두면 쓸모 있는 직장인 세테크

알아두면 쓸모 있는 직장인 세테크

종합소득세 신고를 하는 직장인도 있다 • 113 / 투잡으로 수익 올린 직장인 세금은 어떻게 되는 걸까? • 116 / 퇴직연금 관리, 어떻게 해야 하나? • 120 / 퇴직연금과 연금저축 외에도 세제 혜택을 받을 수 있는 금융 상품이 있다 • 124

알아두면 쓸모 있는 연말정산 절세법

연말정산 시작하기 전에 꼭 알아야 할 용어와 절세팁은? • 129 / 인적공제 절세금액, 경우의 수로 따져보자 • 140 / 놓치기 쉬운 소득공제, 세액공제 항목은? • 144 / 무주택 직장인을 위해 2023년부터 바뀌는 것은? • 148 / 연말정산 신경 쓸 필요 없는 직장인도 있다 • 152

PART 04
알아두면 쓸모 있는 연금과 부동산

알아두면 쓸모 있는 고수의 세테크

세테크 계획을 세우기 전 변화하는 제도는 꼭 알아야 한다 • 161 / 입주권은 주택이 아니다? • 165 / 2023년부터 강화되는 부동산 세금이 있다 • 170 / 가족 간 부동산 거래, 가장 좋은 '절세법'은? • 174 / 고수의 세테크, 부동산 하락기 절세법은 따로 있다 • 178

알아두면 쓸모 있는 노후 준비

당신의 연금을 설계하자 • 183 / 1회성 예금은 연말·연초 나눠서 절세하자 • 189 / 임대소득자를 누구로 하나? • 192 / 세금·건보료 '폭탄' 걱정입니다 • 195 / 단지 순서만 바꿨을 뿐인데 • 200

권말부록

알아두면 잘난 척하기 좋은 세금 상식

아니, 상속받지도 않았는데・207 / 20년 넘게 같이 산 배우자인데・211 /

월드컵 국가대표들은 개인사업자다?・215 / 상가를 임대하다가 양도할 때,

어떤 세금이 부과되나?・219 / 경정청구, 혼자 할 수 있나?・223 / 대표적인

절세계좌는 무엇인가?・227

PART 01

알아두면 쓸모 있는
회계 상식

돈의 흐름을
알 수 있는 회계

인류 역사 최초로
기록된 이름은 누굴까?

BC 2,600년경 수메르인이 만든 '쿠심 점토판', 여기에는 인류 최초로 기록된 이름이 쓰여 있습니다. 그 이름은 아마도 '쿠심'일 것으로 추정합니다. 그 점토판에는 어떤 내용이 적혀있었을까요? 바로 회계 정보가 담겨 있었습니다. 보리의 양, 회계 기간 그리고 이 거래 책임자로 추정되는 '쿠심'이라는 문자와 그 외 뜻을 알 수 없는 단어 두 개가 기록되어 있었습니다.

〈사피엔스〉의 저자 '유발 하라리'는 이 점토판이 37개월에 걸쳐 보리 2만 9,086자루를 받았고, 서명자는 쿠심이라는 회계 정보를 담고 있고, 그는 이 거래를 확인한 회계사였을 가능성이 크다고 말했습니다.

또 〈문자 이야기〉의 저자 '앤드류 로빈슨'은 쿠심 점토판을 일정한 시점의 재무 상태를 나타내는 재무상태표의 요약으로 봤고, 쿠심은 이 거래를 책임지는 관리의 이름으로 보았습니다.

그가 회계사였는지, 회계를 담당하는 관리였는지, 그도 아니면 관직명이었는지는 정확히 알 수 없습니다. 하지만 적어도 회계기록을 승인하거나 확인할 만한 위치에 있는 사람 또는 관직이었을 가능성이 큽니다.

인류 역사 최초로 기록된 이름 '쿠심', 그는 종교를 관장하는 제사장도, 용맹한 장군도, 정복자인 왕도 아니었습니다. 유명한 철학자나 명망 있는 시인도 아니었습니다. 그저 회계 정보를 관리하는 사람이었을 뿐입니다. 이 사실 또한 회계가 인류 역사에서 얼마나 중요한 위치에 있었는지를 다시 한 번 일깨워줍니다.

현존하는 최고의 투자자 워런 버핏은 투자뿐만 아니라 회계 전문가이기도 합니다. 그는 저서 〈워런 버핏의 주주서한〉에서 주주들에게 회계의 중요성을 말하고 있습니다. 그에 의하면, 기업의 내재가치는 투자와 기업의 상대적 매력도를 평가하는 유일하고도 합리적인 방법입니다. 기업 내재가치를 알기 위해서는 회계의 이해가 필수입니다. 그는 책을 통해 다음과 같이 이야기합니다.

　　　　　　　　　　　　　　　　　　직장인 세테크의 기술

"회계 숫자는 기업의 언어이고, 따라서 기업의 가치와 실적을 평가하는 사람들에게는 큰 도움이 됩니다. 찰리와 나도 이런 숫자가 없으면 길을 잃어버릴 것입니다. 회계 숫자는 항상 우리가 기업을 평가하는 출발점입니다."

대부분 사람은 보고 싶은 것만 보고, 듣고 싶은 것만 듣고, 하고 싶은 것만 하고 살아갑니다. 하기 싫고 익숙하지 않은 것은 저평가되고 심지어는 안 하게 됩니다. 이러한 경향을 심리학에서는 '확증편향'이라 부릅니다.

"혹시 숫자만 봐도 머리가 아픈가요?"

만약 당신이 부자가 되고 싶다면 숫자와 친해져야 합니다. 나아가 세무, 회계와도 친해져야 합니다. 만약 언어가 없다면, 상대와 소통은 불가능합니다. 회계를 '비즈니스 언어'라고 부르기도 합니다. 상대는 비즈니스 언어를 구사하는데 당신은 언어를 모른다면요? 세무대리인이 작성한 재무제표를 읽을 수가 없다면요?

세무·회계라는 단어가 주는 중압감으로 시작하기 전부터 걱정인가요? 그렇다면 너무 고민할 필요는 없습니다. 정말 다행인 것은 이제부터 배울 내용은 딱 중학생 정도의 지식수준만 요구한다는 것입니다. 그러니 조금만 친해져 보도록 합시다. 자, 다음 장으로 넘겨봅시다.

재무제표란 무엇인가?

재무제표는 기업의 정보를 정확하게 분석하기 위해서 보는 것입니다. 재무제표를 작성할 줄 안다면 더없이 좋겠지만, 그것까지는 아니더라도 볼 줄은 알아야 합니다. 기업에 대한 분석이나 전망을 해야 하는 사람, 취업하기 위해 기업을 알아보는 취준생 또는 주식투자를 위해 투자할 기업의 가치를 판단해야 하는 주식투자자라면 꼭 재무제표를 읽을 줄은 알아야 합니다.

일반적으로 재무 구조가 건실하고 안정성, 수익성, 성장성이 있는 기업의 주식을 우량주라고 합니다. 그러나 평범한 직장인들이 이런 식으로 기업을 평가하고 분석해서 주식을 매매하는 것은 쉬운 일이 아닙니다.

우량주란 재무 상태가 좋은 회사의 주식입니다. 재무 상태라고 하니 좀 어려운 말처럼 들릴지도 모르겠습니다. 크게 걱정은 하지 않아도 됩니다. 본 책의 내용만 숙지해도 재무제표를 큰 틀에서 바라보는 안목이 생길 것이기 때문입니다.

기업의 경영 활동을 나타내는 언어가 바로 회계입니다. 회계 언어로 표현되는 결과물이 재무제표이고, 그 종류는 손익계산서, 재무상태표 등이 있습니다. 그러므로 회계를 알고 재무제표를 볼 수 있다면 기업의 경영 활동을 이해할 수 있습니다. 특정 경제주체(기업)가 일정 기간 벌어들인 돈과 지출한 돈을 보여주는 회계장부가 손익계산서입니다. 또 기업이 특정 시점 현재 보유한 재산 현황을 보여주는 회계장부는 재무상태표입니다. 손익계산서, 재무상태표를 해석하기 위해서는 몇 가지 개념이 필요하고 다음과 같습니다.

1. 특정 경제주체 : 돈을 벌고 있는 주체가 A라는 기업인지, B라는 기업인지를 보여줍니다. 참고로 연결손익계산서라는 것이 존재하는데, A와 B 기업을 하나의 기업으로 보아 A와 B의 손익을 하나로 합산해서 손익계산서를 작성하는 것입니다.

2. 일정 기간 : 벌어들인 돈과 지출한 돈의 측정 기간입니다. 일

반적으로 손익계산서 작성 주기는 1년이지만, 월, 분기, 반기 등 작성자 기준에 따라 설정될 수 있습니다.

3. 이익 (번 돈 - 벌기 위해 쓴 돈) : 결국 손익계산서는 궁극적으로 이익, '남은 돈'이 얼마인지를 보여주는 표입니다. '수익'은 '번 돈'이고 '비용'은 돈을 '벌기 위해 쓴 돈'입니다.

정리하면 손익계산서는 특정 경제주체가 일정 기간에 창출한 수익과 지출한 비용을 보여주는 회계보고서라고 할 수 있습니다.

손익계산서만큼 중요한 관심사는 또 무엇일까요? 재무상태표는 특정 경제주체가 특정 시점에 가진 재산을 보여주는 회계장부입니다.

1. 특정 시점 : 연 결산을 한다면 12월 31일, 반기 결산을 한다면 6월 30일, 분기 결산이라면 3월 31일, 6월 30일, 9월 30일, 12월 31일이 됩니다. 이 또한 작성자의 기준에 따라 정해질 수 있습니다.

2. 재산 : 자신의 전체 재산은 순수한 자산의 것과 남에게 갚을 것으로 구분해서 접근합니다. 내가 가진 돈 3억 원과 은행에서 2

억 원을 빌려 시가 5억 원 카페를 자신 명의로 매입했다면 나의 전체 재산은 5억 원이 됩니다. 이 중 2억 원은 남에게 갚아야 하므로 나의 순재산은 3억 원입니다. 회계에서 전체 재산을 자산, 남에게 갚을 돈을 부채, 순재산을 자본이 합니다.

재무상태표는 특정 경제주체가 특정 시점에 보유한 자산과 부채를 보여주는 회계보고서입니다.

손익계산서를 통해 경제주체의 손익을 알 수 있고, 재무상태표를 통해 기업 설립 이후 현재까지 누적된 손익을 포함한 재산 현황을 파악할 수 있습니다. 따라서 손익계산서와 재무상태표는 기업의 미래 손익 예측과 성장 및 생존 가능성에 대한 기본적인 판단 기준이 됩니다.

재무회계,
남을 위한 회계다

회계는 다음과 같이 세 가지로 구분할 수 있습니다.

재무회계, 세무회계, 관리회계

이 중 세무회계는 세금 신고를 목적으로 하는 회계이고, 관리회계는 회사 구성원이 보고 싶어 하는 숫자의 모음이라고 할 수 있습니다.

마지막 재무회계는 사업이 성장할수록 중요도가 급증하는 회계입니다. 재무회계는 회사 외부의 사람들, 즉 남을 위한 회계입니다. 돈을 빌려준 금융기관은 물론 투자자와 주주들이 대표적인 외부인입니다. 이들을 위해 재무 정보를 작성하는 일은 사업 성장에 필수적입니다.

회사의 현재 상태와 성과를 보여줄 수 있는 가장 편하고 확실한 방법은 바로 재무제표입니다. 아무리 여러 장의 PPT 슬라이드와 현란한 말재주로 설명해봤자 그것이 재무제표로 확인되지 않으면 아무도 신뢰하지 않습니다. 사업 초기에는 이해관계자가 한정적이므로 재무제표가 별로 중요하지 않습니다. 그래서 세무대리인이 법인세 또는 종합소득세 신고용으로 만들어주는 재무제표를 외부 제출용으로 대신하는 경우가 많습니다. 그러나 사업이 커질수록 이런 수준의 재무제표로는 점점 한계에 부딪힙니다. 따라서 재무제표를 안정적이면서도 신속하게 만들 수 있는 인력과 시스템을 확충해야 합니다.

동시에 회사 대표 역시 재무제표를 읽을 수 있어야 합니다. 재무제표를 볼 줄 모르는 까막눈으로 회사를 경영할 수 없기 때문입니다. 관리회계 보고서로 급한 불은 끌 수 있겠지만, 회사 밖의 사람들을 만나서 설명하고 설득하고자 한다면 반드시 재무제표를 이해할 수 있어야 합니다. 본 책에서는 재무제표 중 손익계산서, 재무상태표에서 꼭 짚고 넘어가야 할 핵심 내용만 간단히 정리했습니다.

먼저 재무제표 탄생 배경을 이해하기 위해 경제학에서 나오는 '유량'과 '저량'에 대해 간단히 공부해 봅시다. 한국말이지만 제대로 이해하는 사람은 거의 없습니다. 차라리 영어가 조금 더 이해하기 쉽죠.

- **유량 (Flow)** : 일정 '기간'을 측정한 수치

- **저량 (Stock)** : 일정 '시점'을 측정한 수치

커다란 기름통에 한 달간 1,000배럴의 기름을 부었다고 가정해 봅시다. 그럼 1년 (12개월)이 지나고 나면 총 12,000배럴의 기름이 기름통에 있을 것입니다. 이럴 때 다음과 같이 표시할 수 있습니다.

- **한 달간 1,000배럴** : '한 달'이라는 기간이 정해졌으므로 유량입니다.

- **현재 12,000배럴** : '현재'라는 시점이 정해졌으므로 저량입니다.

모든 경제적 현상을 잘 이해하기 위해서는 유량과 저량 지표를 모두 보는 것이 중요합니다. 그래야 특정 기간에 무슨 일이 있었

는지(유량), 그래서 현재 상태는 어떤지(저량) 알 수 있기 때문입니다. 하나의 기업을 파악하는 데도 유량과 저량의 측면을 모두 고려해야 합니다. 그런 이유로 사람들은 재무제표를 볼 때 반드시 다음 두 가지를 동시에 확인해야 합니다.

- **손익계산서** : 특정 기간의 영업실적 (유량)

- **재무상태표** : 특정 시점의 재무 상태 (저량)

회사가 특정 기간에 돈을 얼마나 잘 벌고 잘 썼는지, 그 결과 현재는 재무 상태가 어떠한지를 동시에 살펴봐야 그 회사를 진정으로 이해했다고 할 수 있습니다. 재무제표는 이러한 경제학의 유량과 저량 개념에서 발전된 것이라고 이해하고, 손익계산서와 재무상태표를 각각 하나씩 살펴봅시다.

재무상태표, 일정 시점의 재산 상태를 보여준다

내가 보유한 재산은 날마다 바뀔 수 있습니다. 지갑에 어제는 10만 원이 있었지만, 오늘은 5만 원으로 줄 수도 있고, 20만 원으로 늘 수도 있는 것처럼 말이죠.

재산을 측정할 때는 날짜를 정해 특정 시점에 가지고 있는 것을 측정해야 합니다. 그래서 재무상태표에는 꼭 날짜가 기록되어 있습니다. 그 시점의 회사가 가지고 있는 자산과 부채를 측정하고 남은 부분은 주주 몫인 자본으로 표시합니다. 따라서 재무상태표는 말 그대로 '특정 시점의 회사 재산 상태를 나타내주는 표'입니다.

그럼 삼성전자 재무상태표를 PC에서 찾아볼까요. 먼저 금융감독원 전자공시시스템에 들어갑니다. 회사별 검색에서 삼성전자를 입력하면 여러 가지 리스트가 뜹니다. 이 중에서 재무제표가 포함된 것은 크게 감사보고서와 사업보고서입니다.

세알못 - 그런데 분기보고서와 반기보고서라는 게 있습니다. 이건 뭔가요?

택스코디 - 1년을 넷으로 나눠 그중 하나를 분기라 하고, 이는 3개월에 해당합니다. 1년을 둘로 나눠 그중 하나를 반기라 하고, 이는 6개월에 해당합니다.

분기와 반기 단위로 재무제표를 공시하는데, 이를 분기보고서, 반기보고서라고 합니다. 사업보고서 안에 첨부된 감사보고서를 클릭해서 들어가면 재무상태표를 찾을 수 있습니다.

회계는 기업의 재무 상태를 파악한 후 시간의 경과에 따라 이것이 어떻게 변동하고 있는지를 기록 및 관리하는 일련의 과정입니다. 복식부기 회계를 집대성한 '루카 파치올라'는 '상인이라면 자신의 재산과 부채를 조사해 재물조사표를 작성하는 것부터 시작해야 한다'고 말했습니다. 즉, 재무 상태의 파악이 회계의 출발점이란 소리입니다.

재무 상태의 파악은 회사가 자본을 얼마나 투자해 사업을 시작했고, 갚아야 하는 부채는 얼마나 되며, 현재 가지고 있는 자산은 무엇인지를 확인하는 것을 말합니다. 이처럼 자신의 현재 자산,

직장인 세테크의 기술

부채, 자본 현황을 파악하는 것이 회계의 시작입니다.

회계의 항등식 (자산 = 부채 + 자본)에 의하면 기업이 현재 가지고 있는 자산은 타인에게 갚아야 하는 부채와 주주에게 돌아갈 몫인 자본의 합계액과 일치합니다.

결국, 재무 상태의 파악은 현재 가지고 있는 자산, 부채, 자본을 확인해 현재 시점의 재무상태표를 작성하는 것을 말합니다. 재무상태표는 특정 시점에 기업이 소유하고 있는 자산, 부채, 그리고 자본의 잔액을 세부적으로 보여주는 표입니다. 재무상태표를 통해 재무 구조가 건전한지, 유동자금은 충분한지, 부채 규모는 적정한지 등과 같이 이해관계자들의 의사결정에 유용한 정보를 제공합니다.

재무상태표 구성항목

분류	기준
유동자산/ 비유동자산	1년 이내에 현금화가 가능한 자산은 유동자산으로, 유동자산 외의 자산은 비유동자산으로 분류한다.
당좌자산	유동자산 중 곧바로 현금화할 수 있는 자산 (대표적으로 현금과 예금, 현금성자산, 단기투자자산, 단기대여금, 외상매출금 등)
재고자산	제품이나 상품처럼 판매를 위해 보유하고 있는 자산
투자자산	1년 이상 장기적인 투자를 목적으로 보유하고 있는 자산 (매도가능증권, 종속회사나 관계회사 주식, 장기대여금, 투자부동산 등)
유형자산	재화의 생산과 용역의 제공 등 영업활동을 수행하는 데 장기간 사용되는 것으로 물리적 실체가 있는 자산 (토지, 건물, 기계장치, 차량, 비품 등)
무형자산	영업활동에 사용할 목적으로 장기간 보유하고 있지만 물리적 실체가 없는 자산 (영업권, 산업재산권, 개발비 등)
유동부채/ 비유동부채	1년 이내에 갚아야 하는 부채는 유동부채로, 유동부채 이외의 부채는 비유동부채로 분류한다.
확정부채와 충당부채	확정부채는 지급의무가 이미 확정된 부채를 말한다. (외상매입금, 차입금 등) 반면 충당부채란 아직 지급의무가 확정되지는 않았지만, 향후 현금이 지출될 가능성이 크고 그 금액을 신뢰성 있게 추정할 수 있을 때 미리 부채로 반영해 두는 금액을 말한다. (퇴직급여충당부채, 제품보증충당부채 등)
사채	일반인들로부터 거액의 자금을 조달하기 위해 회사가 채무증권을 발행하여 조달하는 채무를 말한다.
자본금	주주가 회사에 불입한 납입자본 총액 중 발행주식의 액면총액을 말한다.
자본잉여금	자본거래로 발생한 잉여금을 말한다. 대표적으로 주식발행초과금이 있다. 주식을 발행하면 주식의 액면가액은 자본금으로, 액면가액을 초과하는 금액은 주식발행초과금이라는 과목으로 자본잉여금에 반영한다.
이익잉여금	영업활동으로 인해 발생한 이익 중 회사 내부에 적립해 둔 금액을 말한다.

기업의 성과는
회계로 측정한다

재무제표 중 손익계산서는 일정 기간의 수익과 비용이 표시됩니다. 수익을 영업수익과 영업외수익으로, 비용을 영업비용과 영업외비용으로 구분할 수 있습니다. 이를 통해 수익에서 비용을 뺀 이익이 영업이익과 당기순이익으로 산출됩니다.

영업수익은 기업 본연의 활동으로부터 번 돈입니다. 영업수익을 매출액이라 표현합니다. 영업수익과 영업외수익을 구분하는 기준은 영업 본연의 목적으로 인해 번 돈인가 아닌가에 있습니다.

매출은 업종에 따라 제품매출, 상품매출, 용역매출 등으로 구분할 수 있습니다. 제품매출은 제품을 제조 후 판매로 발생하는 수익입니다. 상품매출은 만들어진 물품을 외부에서 매입해서 판매함으로부터 발생합니다. 용역 또는 서비스매출은 용역, 서비스를 제공해 발생하는 수익입니다. 영업외수익은 사업목적 이외로 창출한 이자수익, 유형자산처분이익, 주식처분이익/평가이익 등이 있습니다.

비용 또한 영업비용과 영업외비용으로 구분합니다. 영업비용은 영업수익을 창출하기 위해 지출된 돈입니다. 종업원 급여, 원재료 구입 비용, 광고선전비, 사무실 운영비 등이 해당합니다. 영업외비용은 영업비용 이외에 지출된 비용으로 이자 비용, 유형자산처분손실 등이 있습니다.

영업비용은 다시 매출원가와 판매관리비로 구분합니다. 매출원가는 매출 창출을 위해 직접 소요되는 비용으로 제품 제작을 위한 인건비, 원재료 구입비용, 상품 구입비용, 외부업체 지급비용 등이 있습니다.

판매관리비는 판매 활동과 회사 유지 관리를 위한 비용으로 관리부서 인건비, 임차료, 판매수수료 등으로 구성됩니다. 참고로 매출원가와 판매관리비의 구분 실익이 없는 서비스 업종 등은 이를 구분하지 않고 영업비용으로만 손익계산서에 표시하는 때도 있습니다.

위와 같은 구분에 따라 다음과 같은 이익이 산출됩니다.

- **매출총이익** : 영업수익에서 매출원가를 빼서 구합니다. 매출총이익은 직접적으로 사업이 지속 가능할 수 있는지를 가늠하는 직관적인 척도가 됩니다.

- **영업이익** : 영업수익에서 영업비용을 빼서 구합니다. 영업비용을 매출원가와 판매관리비로 추가 구분하면 매출총이익에서 판매관리비를 빼서 산출합니다.

- **당기순이익** : 영업이익에서 영업외수익을 더하고 영업외비용을 뺀 것입니다. 정확히는 법인세비용까지 빼야 당기순이익이 산출됩니다.

세알못 - 이익을 이렇게 구분하는 이유는 무엇인가요?

택스코디 - 기업 본연의 목적으로 인한 수익성을 알기 위해서입니다. 저는 이런 측면에서 영업이익이 중요하다고 봅니다. 영업수익은 기업활동을 통해 계속적이고 반복적으로 창출되는 것이고 영업외수익은 일시 우발적 성격으로 발생하는 것이기 때문입니다.
기업가치 측면에서도 영업이익이 중요합니다. 기업가치 측정방법 중 미래현금흐름의 현재가치로 기업가치를 측정하는 방법이 있습니다. 이 방법의 기준이 영업이익입니다.

기업은 늘 하나하나 철저하게 손익을 따지면서 합리적이고 이기적인 방식으로 영리활동을 추구합니다. 그리고 매 시점에 이러한 영리활동이 제대로 이루어졌는지도 평가합니다. 월, 분기, 반기 또는 연간 단위로 철저하게 손익을 따져서 행한 활동의 결과로 무엇을 얼마나 팔아 얼마를 벌었고, 무엇을 위해 얼마를 지출했으며, 얼마가 남았는지 확인합니다. 이러한 확인을 위해 작성하는 것이 손익계산서입니다. 손익계산서는 월, 분기, 반기 또는 1년 동안 '영업활동을 통해 손실이 남는지 아니면 이익이 남는지를 계산한 서류'입니다. 다음과 같이 작성하는 것이 일반적입니다.

구분	내용
매출액	영업을 통해 판매한 제품의 판매금액
- 매출원가	매출에 직접 들어간 비용. 커피를 판매할 경우 커피의 원두, 물, 종이컵 등이 매출원가가 되고 컴퓨터를 판매할 경우 컴퓨터를 제조하는 데 들어간 비용이 매출원가가 된다.
= 매출총이익	
- 판매비와 관리비	영업활동을 위해 지출한 비용. 급여, 복리후생비, 여비교통비, 접대비, 통신비, 임차료, 차량유지비, 광고선전비 등이 이에 해당한다.
= 영업이익 (영업손실)	매출총이익에서 판매비와 관리비를 차감한 금액. 양수(+)면 영업이익, 음수(-)면 영업손실이 된다. 영업이익이 생겼다는 것은 영업활동의 결과 수익이 비용보다 많아 이익이 발생했다는 뜻이다
+ 영업외수익 영업외비용	영업외활동에서 발생한 영업외수익은 더하고 영업외비용은 차감한다. 일반기업의 이자수익은 영업외수익, 이자비용은 영업외비용에 해당한다.

직장인 세테크의 기술

= 법인세 차감 전 순이익	
− 법인세	기업이 해당 기간에 부담해야 하는 세금
= 당기순이익 (당기순손실)	이번 회계 기간에 영업활동과 영업외활동을 통틀어 이익이 발생했는지(당기순이익) 아니면 손실이 발생했는지(당기순손실)를 보여준다.

손익계산서를 보면 일정 기간의 수익, 비용, 손익 등 경영성과를 파악할 수 있습니다. 즉, 손익계산서는 매 행위 시 철저하게 손익을 따지면서 움직여 온 기업의 영리활동이 어떠한 결과를 가져왔는지를 한눈에 파악할 수 있게 해주는 서류입니다.

30분 만에
재무제표 읽기

10분 만에
재무상태표를 읽어보자

앞장에서 회계란 기업 활동을 표현하는 언어이고 재무제표라는 결과물로 표현된다고 말했습니다. 재무제표를 작성하는 기준을 기업회계기준이라 합니다. 회계기준은 상장기업과 비상장기업으로 구분해서 적용합니다.

이 책을 읽는 당신에게 먼저 말합니다. 어려운 회계 공부를 하자는 게 아닙니다. 복잡한 회계 지식을 연구할 필요도 없습니다. 회계 전반에 대한 기본만 익히자는 것입니다.

세알못 - 막상 재무상태표를 보니까 막막합니다. 처음 보는 단어에 숫자 (그것도 자릿수가 엄청난 큰 숫자)들만 빽빽한 표네요. 한 페이지로도 끝나지 않고 계속 이어지니 도무지 읽을 엄두가 나지 않습니다.

택스코디 - 너무 겁먹을 필요는 없습니다. 저와 같이 천천히 분석해보죠. 먼저 재무상태표는 '일정한 시점의 재산 상태를 나타내는 표'라고 했습니다.

자산 = 부채 + 자본

재산 상태는 자산과 부채와 자본으로 구분하며, 부채와 자본의 합계는 자산과 늘 일치하죠. 그럼 아래 재무상태표를 같이 봅시다.

재무상태표

제 53기 : 2022년 12월 31일 현재

제 52기 : 2021년 12월 31일 현재

A 주식회사 (단위 : 백만 원)

과목	주석	제53(당)기	
자산			
자산 총 계			174,802,959
부채 총 계			37,256,197
자본 총 계			137,546,762
부채와 자본 총 계			174,802,959

재무제표를 읽기 위해선 먼저 간단히 정리부터 해야 합니다. 위 표를 요약하면 다음과 같이 표시할 수 있습니다.

재무상태표 [2021년 12월 31일 현재, 단위 : 백만 원]

자산 174,802,959	부채 37,256,197
	자본 137,546,762

그런데 숫자가 너무 커서 빨리 감이 안 옵니다. 이럴 때는 단순하게 만들어야 이해가 빠릅니다. 가장 큰 숫자가 세 자릿수를 넘지 않도록 단위를 '조 원'으로 바꿔봅시다.

자산이 174,802,959백만 원이므로 이 중에서 숫자 3개만 남기고 지우면 175조 원이 됩니다. 이렇게 수정하면 다음과 같이 재무상태표가 완성됩니다.

재무상태표 [2022년 12월 31일 현재, 단위 : 조 원]

자산 175조	부채 37조
	자본 138조

어떤가요? 이렇게 정리하니 이전보다 훨씬 읽기가 편해집니다. 자, 이제부터 재무제표를 읽기 위해서 제일 먼저 해야 할 일은 이처럼 단순화하는 것입니다.

세알못 - 단순화하고 나니 확실히 보기가 편합니다. 그런데 이렇게 해서 알 수 있는 것은 무엇인가요?

택스코디 - 사람들이 가장 궁금해 하는 대표적인 항목들을 표준화된 양식으로 만든 것이 바로 재무제표입니다. 그중 하나가 회사의 재산(자산)과 빚(부채)이 얼마나 되느냐 입니다. 그래서 일정한 시점의 재산 상태를 정리하도록 했고, 그 의미 그대로 재무상태표라는 이름을 붙였다고 했습니다.

이제 내 돈인 자본과 남의 돈인 부채의 상대적인 비율을 보면 장기적으로 회사가 재무적 위험에 처할 가능성이 있는지를 알 수 있습니다. 많은 사람이 그 정보를 알고 싶어 했고, 그래서 부채와 자본의 비율에 이름을 붙이고 실무에서 많이 쓰게 됐습니다. 즉 '부채비율'이란 부채를 자본으로 나눠 백분율로 표시한 것입니다.

• 부채비율 = (부채총액 / 자본총액) × 100

부채가 자본보다 작은 기업을 우량기업이라고 합니다. 비율로 계산하면 100% 미만입니다. 부채가 자본보다 많다면, 가령 부채비율이 200%, 300%라면 자본보다 부채가 2~3배 많다는 뜻입니다.

전설의 투자자 월터 슐로스의 유명한 '시장을 이긴 16가지 규칙'에서 부채비율이 100%를 넘지 않아야 한다고 강조했습니다. 또 그는 부채비율 100% 미만인 기업에 투자하는 걸 중요시했습니다.

직장인 세테크의 기술

여기에 하나만 더, 부채비율과 함께 고려해야 하는 것은 자기자본비율입니다. 자기자본비율이란 자기자본이 총자본에서 차지하는 비율을 말합니다. 총자본이란 타인자본인 부채와 자기자본의 합계액으로 자산 총계와 같으며, 결국 총자본(총자산)에서 자기자본이 차지하는 비율을 알려주는 지표입니다. 자기자본비율이 낮다는 것은 타인자본, 즉 부채를 많이 이용한다는 것이므로 이자비용이 많이 지출되어 부실의 위험이 있습니다. 보통 자기자본비율이 50%를 넘으면 우량기업, 15% 미만이면 부실가능성이 있는 기업으로 평가합니다.

10분 만에
손익계산서를 읽어보자

    감사보고서를 통해서 손익계산서를 검색해보면 다음과 같습니다. 앞에서 본 바와 같이 연결감사보고서에 연결재무제표가 나와 있으므로 감사보고서에 첨부된 손익계산서를 읽어봐야 합니다.

손익계산서

제 53기 : 2022년 1월 1일부터 12월 31일까지

제 52기 : 2021년 1월 1일부터 12월 31일까지

A 주식회사 (단위 : 백만 원)

과목	주석	제53(당)기		제52(전)기	
매출액			133,947,204		135,205,045
매출원가	24		97,290,644		99,659,336
매출총이익			36,656,560		35,545,709
판매비와 관리비	25	23,009,124		22,147,494	
영업이익			13,647,436		13,398,215
기타수익	26	2,185,600		1,543,190	
기타비용	26	1,289,594		792,058	
금융수익	27	5,803,751		4,917,385	
금융비용	27	5,622,119		4,714,115	
법인세비용차감전순이익			14,725,074		14,352,617
법인세비용	28	3,145,325		2,114,148	
당기순이익			11,579,749		12,238,469
주당이익	29				
기본주당이익(단위 : 원)			81,602		82,682
희석주당이익(단위 : 원)			81,602		82,680

많이 복잡하죠? 앞에서 한 것처럼 가장 큰 숫자가 세 자리가 넘지 않도록 조정합시다. 그럼 다음과 같은 손익계산서가 완성됩니다.

손익계산서 [2022년 1월 1일부터 12월 31일까지, 단위 : 조 원]

매출액	134	100%
매출원가	97	72%
매출총이익	37	28%
판매비 · 관리비	23	17%
영업이익	14	10%
당기순이익	12	9%

위 표를 보면 매출 134조 원에 영업이익 14조 원이라니 숫자만 보고도 벌써 겁부터 납니다. 이해하기 쉽도록 다시 단위를 바꿔봅시다. 숫자가 너무 크면 비현실적이라 감을 잡기 어렵기 때문입니다. A 회사 대표 상품인 노트북이라 가정하고 단위를 '만 원'으로 바꿔봅시다.

• 노트북 판매가 : 134만 원 – 원가 : 97만 원 – 판매비·관리비 : 23만 원 = 마진 : 14만 원

다음은 A 회사의 4년 치 손익계산서입니다.

	2022		2021		2020		2019	
매출액	가 134	100%	라 135	100%	라 138	100%	158	100%

매출 원가	나 97	72%	100	74%	99	72%	110	70%
매출 총이익	37	28%	35	마 26%	39	마 28%	48	30%
판관비	다 23	17%	22	16%	25	18%	26	16%
영업 이익	14	10%	13	마 10%	14	마 10%	22	14%
당기 순이익	가 12	9%	12	9%	15	11%	18	11%

위 손익계산서는 다음과 같이 파악 가능합니다.

가 : 회사는 2022년 노트북을 134만 원에 팔았고, 12만 원의 당기순이익을 올렸습니다.

나 : 2022년 134만 원에 판 노트북을 만들기 위해 들어간 돈은 97만 원입니다.

다 : 2022년 134만 원에 판 노트북에는 23만 원의 판매비와 관리비가 들었습니다.

라 : 회사는 최근 3년간 비슷한 수준의 매출과 이익을 보고하고 있습니다.

마 : 매출총이익률과 영업이익률은 3년간 비슷했지만, 2019년 실적에는 미치지 못합니다.

매출로 얼마나 수익을 냈는가?

- 매출총이익률 = 매출총이익 / 매출액

영업에서 얼마나 수익을 냈는가?

- 영업이익률 = 영업이익 / 매출액

올해 얼마나 수익을 냈는가?

- 당기순이익률 = 당기순이익 / 매출액

참고로 영업이익률이 10% 이상이고, 당기순이익률이 5% 이상이면 안정적인 기업이라고 합니다.

10분 만에 주석을 읽어보자

세알못 - 재무제표, 생각보다는 읽을 만합니다. 그런데 상세한 내역이 궁금합니다. 회사가 어떤 비용을 어떻게 썼는지, 특히 판매비와 관리비가 어떻게 쓰였는지 궁금합니다.

택스코디 - 재무제표 주석을 보면 이런 항목에 대한 자세한 정보를 읽을 수 있습니다. 주석은 재무제표 뒷부분에 상세 내역으로 첨부되어 있습니다. 페이지가 많지만 계속 넘기다 보면 일치하는 번호가 나오니 한번 살펴봅시다.

과목	주석	제53(당)기	
매출액			133,947,204
매출원가	24		
매출총이익			
판매비와 관리비	25	23,009,124	
영업이익			13,647,436

25. 판매비와 관리비

당기 및 전기 중 판매비와 관리비 내역은 다음과 같습니다.

(단위 : 백만 원)

구분	당기	전기
(1) 판매비와 관리비		
급여	1,971,689	1,795,010
퇴직급여	155,563	161,681
지급수수료	3,279,835	3,450,096
감가상각비	324,114	301,743
무형자산상각비	126,451	137,028
광고선전비	766,171	586,030
판매촉진비	1,191,542	1,143,870
운반비	528,744	587,136
서비스비	683,992	577,794
기타 판매비와 관리비	1,856,967	1,799,573
소계	10,885,068	10,539,961
(2) 경상연구개발비		
연구개발 총지출액	12,805,018	12,750,592
개발비 자산화	(680,962)	(1,143,059)
소계	12,124,056	11,607,533
계	23,009,124	22,147,494

직장인 세테크의 기술

위 표를 보면 판매비와 관리비 23조 원 중에서 연구개발비가 절반 정도인 12조 원이 들었습니다. 그리고 인건비 2조 원, 지급 수수료 3조 원, 판촉비 2조 원, 운송비 1조 원 등을 포함해 11조 원이 들었습니다.

그런데 이 회사 참 대단합니다. 연구개발비를 거의 영업이익만큼 썼습니다. 회사가 돈을 어디에 쓰는지 보면 가장 신경 쓰는 부분이 어딘지 알 수 있습니다. 이 회사는 연구에 많은 돈을 쏟아 붓고 있습니다.

정리하면 손익계산서를 볼 때는 대표적인 상품으로 회사를 이해하고, 그 부분의 원가와 수익률을 통해 회사가 어느 정도 성과를 내는지 알아볼 수 있습니다. 그리고 주석을 통해 판매비·관리비 내역을 확인하면 회사가 광고 같은 브랜드 알리기에 집중하는지, 아니면 연구개발 같은 기술력 향상에 집중하는지 알 수 있습니다.

기업가치를 판단해 보자

세알못 - 카페를 매각하고 싶습니다. 보증금도 돌려받고 설비 같은 것을 모두 매각하면 4억 원 정도를 받을 수 있는데, 여기서 부채 1억 원을 상환하면 3억 원이 남습니다. 가격을 어떤 방법으로 매겨야 할까요?

택스코디 - 가격을 평가하는 방법은 세 가지 정도입니다.

첫 번째는 카페 모든 재산을 팔아 빚을 청산하고 남은 금액으로 평가하는 방법 (자산가치)입니다. 이 방법으로 '최소한 3억 원 정도는 되는 가게'라고 평가할 수 있습니다.

두 번째는 미래의 기대치를 기준으로 평가하는 방법(수익가치)입니다. 매년 카페에서 1억 원의 이익이 예상된다고 할 때 투자자가 요구하는 수익률이 10% 수준이라면, 10억 원 정도로 치킨집

직장인 세테크의 기술

을 투자할 수 있을 것입니다. 10억 원을 투자해서 1억 원을 이익으로 얻을 때 목표수익률 10%를 달성할 수 있기 때문입니다.

- 투자금액 = 영업이익 ÷ 수익률

세 번째는 시장에서 거래되는 금액으로 계산하는 방법(시장가치)입니다. 같은 동네에 있는 비슷한 규모의 카페가 1개월 전에 8억 원에 매각되었다면, 이 카페 역시 대략 8억 원의 가치가 있다고 볼 수 있습니다.

주식의 가치는 회사의 가치를 주식 수로 나눠 계산합니다. 그런데 안타깝게도 회사의 가치를 정확하게 구할 방법은 없습니다. 산정하는 방법도 워낙에 다양하고 가정이나 전망 추정이 사람마다 달라서 평가하는 금액도 다르게 나옵니다. 같은 카페도 사람에 따라서 또 시간에 따라서 다르게 평가되고 거래됩니다. 거래가 이뤄지는 이유는 더 오를 것이라고 믿는 사람은 사고, 이제는 꼭지라고 판단하는 사람은 팔기 때문입니다.

가치평가 방법은 많은 사람이 사용하는 방법이 있을 뿐 절대적인 기준이 있다고 보기는 어렵습니다. 지금 말한 가치평가 부분은 '회사 가치를 이런 방식으로 평가할 수도 있겠구나' 정도로 생각하고 접근하면 좋겠습니다.

회계는 숫자와 관련되어 있다는 이유만으로 늘 까다롭고 다가가기 힘든 분야로 인식되곤 하지만 사실은 그렇지 않습니다. 회계학적 사고를 배양하면 작게는 기업의 재무제표를 분석할 수 있고, 크게는 우리가 살아가는 경제 환경에 관한 이해의 폭을 넓힐 수 있습니다. 더 나아가 균형을 중시하는 회계학적 사고를 배양하면 인생에서 중요한 의사결정을 해야 할 때 제대로 된 결정을 내릴 수 있을 것입니다.

아주 기본적인 회계 상식만 본 책에서 다뤘습니다. 혹시 이 정도도 모르고 주식투자를 하고 있었다면 투자 전에 재무제표를 읽는 법부터 다시 공부부터 했으면 좋겠습니다.

개인의 재테크에서 주식은 마지막 단계입니다. 펀드도 해보고 ETF도 해보면서 주식시장에 대한 전반적인 흐름을 파악하고 내 집도 마련해서 말 그대로 여유자금 성격의 돈이 있으면 시작해보는 것입니다.

세상에 막 태어나 걸음마를 시작하는 아이에게 뛰어다니는 것을 기대할 수 없듯이, 재산을 형성하는 초반에 주식투자라는 위험한 방법으로 종잣돈을 불리려는 생각은 버려야 합니다. 주식은 위험한 것이라는 생각을 늘 가지고 잃어도 되는 돈을 마련해서 주식에 뛰어듭시다.

PART 02

알아두면 쓸모 있는
생활세금

알아두면 쓸모 있는
세금 상식

공격적인 투자보다 '세(稅)테크'에 주력하자

가진 것이 아무리 없다 해도 우리는 늘 세금을 냅니다. 아메리카노를 마시거나 영화를 보거나 어떤 일을 하든지 당신이 하는 소비에는 세금이 포함됩니다. 이렇게 알게 모르게 빠져나가는 금액을 합치면 적지 않습니다. 그러니 부자가 되고 싶다면 최대한 세금을 적게 내는 방법, 세테크를 고민해야 합니다.

요즘처럼 불확실한 시대에 부지런하지 않으면 사는 게 매우 빡빡할 것입니다. 높은 수익률을 실현하기 위해서는 재테크나 세테크에 대해 남보다 빨리 정보를 습득하고 그에 맞서서 신속하게 대응하는 것이 필요합니다. 그렇지 않으면 남의 꽁무니만 쫓다 끝나고 맙니다.

예를 한번 들어봅시다. 갑자기 목돈이 필요해 자기가 사는 6억 원짜리 아파트를 처분하려고 하는 A와 B가 있습니다. 둘 다 다른 주택을 가진 건 아니지만 아직 아파트를 산 지 2년이 채 안 되어서 양도소득세가 부과될 수도 있는 상황입니다. 세테크를 잘하는 A 씨는 양도소득세가 부과된다는 것을 알았고, 그렇지 못한 B 씨는 보유한 주택이 1채이므로 양도소득세가 무조건 없는 것으로 이해했습니다.

이런 상황에서 A 씨는 합법적으로 양도소득세를 다음과 같이 낮추려 할 것입니다.

1. 먼저 양도소득세를 계산한다.
2. 양도소득세가 생각보다 많이 나오면 다음과 같이 한다.

- 1세대 1주택이지만 보유 기간이 2년이 안 되므로 2년을 채운다.
- 지금 당장 필요한 현금은 은행이나 아는 사람을 통해 충당하고 여의치 않으면, 부동산 양도 대금의 계약금과 중도금으로 이 문제를 해결한다.

이렇게 일을 추진한 결과 A 씨는 자칫 양도소득세를 물 수 있는 상황에서도 비과세로 만들어 세금을 한 푼도 내지 않았습니다. 그러나 B 씨는 다음처럼 단순하게 판단했습니다.

- 1주택이므로 양도소득세가 비과세된다.
- 따라서 양도소득세를 신고할 필요가 없다.

세알못 - 그렇다면 그 후 B 씨는 어떻게 되었나요?

택스코디 - 결국, B씨는 1년이 지난 후 세무당국으로부터 과세예고통지를 받게 되었으며 본세와 가산세를 합해 수천만 원의 세금을 추징당했습니다.

이처럼 똑같은 사안이라도 이를 대하는 사람의 태도나 지식의 차이에 따라 결과는 완전 다른 양상을 보입니다. 세테크를 이해한 A 씨는 세금이 없으므로 목표수익률을 달성할 수 있지만, 그렇지 못한 B 씨는 추후 세금이 추징되므로 수익률은 크게 떨어지게 됐습니다.

재테크의 뒤를 이어 많은 사람이 관심을 기울이고 있는 세테크란 재테크 과정에서 필연적으로 발생하는 세금을 합법적으로 줄여 궁극적으로 투자 수익률을 높이는 일련의 방법들을 말합니다. 세금의 특성을 이용해 나에게 유리하게 만든 후 세후 투자 수익률을 높이는 것, 이것이 바로 세테크입니다.

불필요한 세금을 내지 않는 절세의 첫걸음은 '세금을 정확히 이해하고 끊임없이 탐구하는 것'임을 명심해야 합니다.

세금 종류부터 살펴보자

세알못 - 이제 세테크에 관심을 가져야겠습니다. 제일 먼저 무엇부터 하는 게 좋을까요?

택스코디 - 기업이든 개인이든 절세하기 위해 노력합니다. 세테크란 개념에 아직 익숙하지 않은 사람이라면 절세라는 말에 마치 불법 행위를 저지르는 게 아닌가 하고 우려할 수도 있습니다. 하지만 절세 행위는 지극히 정당한 것입니다.

먼저 세테크 (합법적으로 세금을 줄이는 활동)를 하기 위해서는 세금 계산 원리부터 이해해야 합니다. 세금 계산 원리를 안다는 것은 곧 세테크를 제대로 할 수 있다는 것을 말합니다.

세알못 - 일상생활과 밀접한 세금에는 어떤 게 있나요?

택스코디 - 다음과 같습니다.

먼저 부가가치세는 마트에서 컵라면, 과자, 등을 사면서 지출하는 물건값의 10%를 말하고, 개별소비세는 자동차나 유류 등을 구매할 때 부가가치세를 제외하고 별도로 내는 세금을 말합니다. 이런 세금을 소비세라고 부릅니다. 소비할 때 무조건 내는 것이죠.

또 직장인이라면 근로소득세, 자영업을 하면 사업 소득세를 내야 합니다. 그리고 부동산을 파는 과정에서 양도소득이 발생하면 양도소득세가 붙습니다. 이런 소득세는 한정된 시간 동안 누가 얼마나 더 많은 이익을 벌어들일 것인가, 즉 이 소득에 부과되는 세금입니다.

다음으로 죽은 뒤 무상으로 재산을 다른 사람에게 이전하는 것을 상속, 살아 있을 때 재산을 다른 사람에게 무상으로 이전하는 것을 증여라 합니다. 이런 세습 행위에는 각각 상속세와 증여세라는 세금이 붙습니다.

세금은 크게 국세와 지방세로 나뉩니다. 말 그대로 국가가 나서서 거두는 세금이 국세, 지방자치단체가 나서서 거두는 세금이 지방세입니다. 이런 세금은 모두 국가나 지방자치단체를 유지하기 위해 매우 중요한 재정 수단이 됩니다.

국세는 총 14개 세목으로 나뉩니다. 개인이 번 돈에 세금을 내는 '소득세'와 기업이 이익에 대해 내는 '법인세'가 대표적입니다.

상품을 구매할 때 내는 '부가가치세'까지 합쳐 3대 세목이 전체 국세의 75% 이상을 차지합니다.

고가의 부동산을 보유했다면 '종합부동산세'를 내고, 재산을 물려받을 땐 주는 사람의 생사(生死)에 따라 '증여세'와 '상속세'를 내야 합니다. 자동차나 사치품을 살 때 '개별소비세', 주유소에서 휘발유와 경유를 넣을 땐 '교통에너지환경세'가 구매 가격에 포함됩니다.

술을 살 때 따라오는 '주세'와 부동산 등기할 때 내는 '인지세', 주식을 팔 때 붙는 '증권거래세'도 있습니다. 다른 세금에 일정 비율로 기생해서 따라붙는 '교육세'와 '농어촌특별세'는 부가세 (Sur-tax)라고도 합니다. 국경을 넘어 물건을 들여올 때 내는 관세도 국세의 일종으로 분류하며, 관세청 소속 세관에서 징수를 담당합니다.

지방세 11개의 면면을 보면 국세보다 훨씬 가깝게 다가옵니다. 세대주와 사업주가 내는 '주민세'와 자동차 소유주가 내야 하는 '자동차세'가 대표적입니다. 부동산을 매입할 땐 '취득세', 보유 중이라면 '재산세'를 내야 합니다.

경마장 입장료에서 떼는 '레저세', 담배 살 때 내는 '담배소비세', 인지세의 지방세 버전인 '등록면허세'도 지방세의 한 축을 담당하고 있습니다. 지하수나 발전소 등 자원을 이용하는 사람들은 '지역자원시설세'를 내고, 기생 세목인 '지방소득세'와 '지방소비세', '지방교육세'도 다른 세목에 자동으로 따라붙습니다.

참고로 국세가 국민 전체의 복지와 사회 안전, 국방을 위해 쓰인다면, 지방세는 해당 지역의 상하수도나 도로 등 생활에 밀접한 공공서비스의 재원으로 사용됩니다. 술을 사면 국가 재정 (주세-국세)에 도움이 되고, 담배를 구매하면 지방 재정 (담배소비세-지방세)에 일조한다는 농담을 하기도 하죠.

세테크는 선택이 아닌 필수, 개정되는 세법에 관심을 가지자

정책적인 목적으로 일정한 요건에 해당하는 경우 낮은 특례세율을 적용하거나 세액공제, 소득공제 등 조세를 감면해 주는 내용을 규정한 법률을 '조세특례제한법'이라고 합니다.

어떤 조건을 충족하면 세금을 깎아준다는 조항이 많으므로 세테크 고수가 되기 위해서는 반드시 알아야 합니다. 특히 조세감면 조항을 정확히 이해하고 숙지하는 것이 중요합니다.

국세청은 세금을 깎아주거나 면제해 주겠다면서 조건을 내겁니다. 그 조건은 매우 다양하고 복잡해 보이지만, 절세를 위해서는 꼭 활용할 필요가 있습니다.

세금은 거둬갈 때는 별도의 신고 없이 자동으로 거둬가지만, 감면이나 환급을 받을 때는 반드시 납세자가 신고나 신청을 해야 합니다. 그러므로 적극적으로 찾아서 활용하는 것이 수익률을 높일 수 있게 됩니다.

절세를 통해서 절약할 수 있는 돈은 생각보다 큽니다. 적게는 몇만 원에서 많게는 몇천만 원까지 차이가 납니다. 그러므로 세테크를 통해 절약한 돈을 다시 투자해 활용하는 사람이 부자가 되는 것입니다. 하루라도 빨리 경제적 자유를 얻고 싶다면 이제 세금 공부는 선택이 아닌 필수입니다.

2023년이 시작되면서 정부의 대대적인 규제 완화 방침에 부동산시장에서는 반등을 기대하는 분위기가 잠시 형성됐습니다. 추락을 거듭하던 아파트값의 하락 폭을 줄이고, 가파른 하락세를 보이던 매수심리도 살짝 반등하기도 했습니다. 하지만 올해 부동산시장은 침체 상황을 면하기 어려울 것으로 예상합니다. 이런 시장 상황에서는 '닥공'(닥치고 공격)'보다는 보다 안전하게 실리를 추구하는 투자전략을 세울 필요가 있습니다. 무리하게 투자하는 대신 자금 조달 방안을 꼼꼼히 따져보면서 자신 상황에 맞는 투자상품을 찾는 자세가 필요합니다. 이 가운데에는 부동산 관련 세금을 한 푼이라도 줄이려는 노력도 빼놓을 수 없습니다. 이른바 '세(稅)테크'에 신경 써야 한다는 것입니다. 특히 개정되는 세법에는 많은 관심을 가져야 합니다.

2023년 1월 발표한 '2022년 세제 개편 후속 시행령 개정안'에 주목해야 합니다. (개정안은 입법예고와 차관회의, 국무회의 등을 거쳐 이르면 2월 말 공포 시행될 예정입니다.)

부동산과 직접적인 관련이 있는 내용은 크게 3가지입니다. 소득세법 시행령의 '부동산 등 양도소득세제'(이하 '양도세법'), 종합부동산세법(이하 '종부세법') 시행령, 조세특례제한법(이하 '조특법') 시행령의 일부 조항입니다.

먼저 양도세법 시행령 개정 사항 중 법인을 제외한 개인과 관련된 사항은 모두 4가지. 그 가운데 첫 번째는 일시적 2주택자에 대한 양도세 특례 요건 완화입니다. 핵심은 주택 처분기한이 2년에서 3년으로 통일된다는 겁니다.

종전에는 조정대상지역에서 주택을 매입했다면 2년 안에 팔아야만 1주택자로 간주 됩니다. 하지만 앞으로는 지역에 상관없이 모두 3년 내 처분하면 됩니다. 이 조치는 1월 12일부터 소급 적용됩니다. 또 이날 이전에 주택을 매수한 경우에도 해당합니다.

이에 따라 2021년 주택구입자는 물론, 2020년에 집을 한 채 더 구입한 2주택자도 혜택을 받을 수 있습니다. 즉 2020년 구입자는 2023년 말까지, 2021년은 2024년 말까지 팔기만 하면 1주택자로 인정받아 각종 세제 혜택을 받을 수 있습니다. 1주택자가 되면 최대 80%의 장기보유특별공제를 받고, 기존 주택이 시가 12억 원이하이면 양도소득세를 면제받습니다.

두 번째는 상생임대주택 양도세 특례 요건 완화입니다. 임차인(세입자)의 사정으로 임대를 계속할 수 없는 경우, 기재부 장관령으로 정하는 요건에 해당하면 종전계약과 신규계약 임대 기간을 합산해주는 조항이 신설됩니다.

상생임대주택으로 인정받으면 1가구 1주택 비과세의 2년 거주 요건, 1주택자의 양도차익에 연 4%의 장기보유특별공제율을 적용할 때 요구되는 2년 거주 요건, 장기임대주택을 보유한 상태에서 거주 주택의 비과세를 적용하는 2년 거주 요건이 모두 면제됩니다.

참고로 상생임대주택은 임대차계약을 맺을 때 임대 기간이 2년 이상이고, 직전 임대차계약 대비 임대료 증가율이 5% 이내인 경우입니다. 또 2021년 2월 20일부터 2024년 12월 31일까지 체결한 계약만 인정받을 수 있어 유의할 필요가 있습니다.

세 번째는 다주택자 양도세 중과 한시 배제 1년 연장입니다. 보유 기간 2년 이상인 주택에 적용되는 중과 배제조치 종료 시점을 2023년 5월 9일에서 2024년 5월 9일로 1년 더 늦춰주겠다는 겁니다.

네 번째는 부담부증여 시 기준시가 산정방법 합리화입니다. 임대보증금이 있는 임대차계약이 체결된 주택을 부담부 증여할 때 취득금액을 기준시가만 인정한다는 게 핵심입니다. 현재는 기준시가와 실거래가 가운데 택일할 수 있습니다. 이에 따라 실거래가를 부풀려 세 부담을 줄이려는 시도가 적잖았습니다. 이를 막겠다는 겁니다.

종부세법 시행령 개정 사항은 크게 3가지인데, 대부분 종부세 대상 주택을 줄이는 데 초점이 맞춰져 있습니다.

첫 번째는 사원용 주택 종부세 합산배제 가액 요건 완화입니다. 현재 공시가격 3억 원 이하에서 6억 원으로 올라갑니다.

두 번째는 양도세와 마찬가지로 종부세도 세금 혜택을 받기 위한 주택 처분기한이 2년에서 3년으로 늘어납니다. 2년 이내 주택을 처분하면 1세대1주택 혜택을 유지해주는 종부세 과세 특례제도는 2022년 도입됐습니다. (정부는 2022년 처음으로 특례를 적용받은 사람들도 소급해서 3년 이내에 주택을 처분하면 특례 대상에 포함하기로 했습니다.)

이 기간에 일시적 2주택자는 공시가 기준 12억 원까지는 종부세를 부담하지 않아도 되며, 고령층이거나 주택을 장기간 보유했을 경우 최대 80%의 세액공제도 받을 수 있습니다.

세 번째는 종부세 주택 수 특례 적용 대상 지방 저가주택 확대입니다. 현재는 공시가격 3억 원 이하 주택으로서 비수도권 지역에 있고, 광역시(군 제외), 특별자치시(읍·면 제외)가 아닌 지역만 특례 대상입니다.

하지만 앞으로는 인구감소지역과 접경지역에 모두 해당하는 수도권 지역도 대상에 포함됩니다. 정부는 인천 강화군과 옹진군, 경기 연천군 등 3곳이 해당한다고 밝혔습니다. 행정구역으로 보면 수도권이지만, 투기 우려가 크지 않아 비수도권 성격이 강하다고 본 것입니다.

조특법 시행령 개정안에서는 월세세액공제 대상 주택기준 완화와 농어촌주택 양도세 특례지역 추가에 주목할 필요가 있습니다.

개정안에 따르면 월세세액공제 대상 주택기준은 기준시가 3억 원 이하에서 4억 원 이하로 확대됩니다. 이에 따라 총급여 7,000만 원(종합소득금액 6,000만 원) 이하 무주택근로자나 성실사업자이면서 국민주택규모(전용면적 85㎡ 이하)이거나 기준시가 4억 원 이하 주택에 월세를 살 때, 월세액의 최대 17%, 750만 원 범위에서 세액공제를 받을 수 있습니다.

농어촌주택 양도세 특례지역 확대는 일반주택을 팔거나 상속·증여할 때 주택 수에서 제외해 양도세를 비과세해주는 농어촌주택의 범위에 수도권과 비수도권 도시지역 일부를 포함한다는 겁니다. 수도권 지역에 있지만, 인구감소지역이면서 접경지에 모두 해당하는 곳인 인천 강화군과 옹진군, 경기 연천군이 이번 조치에 해당합니다.

도시지역에서는 인구감소지역이면서 기업도시개발구역인 충남 태안군과 전남 영안군, 해남군 등 3곳이 대상으로 추가됐습니다.

금융소득종합과세, 절세전략은?

종합소득은 사업, 근로, 금융(이자·배당), 연금, 기타소득 등 1년 동안 번 모든 종류 수입을 더한 금액입니다. 지난해 1년 치 신고한 소득을 기준으로 세율에 따라 납부하되, 일정 조건을 충족했을 경우 소득공제를 해 줍니다. 신고·납부는 5월 말까지 해야 합니다.

세알못 – 은행에 돈을 맡기고 받는 이자소득에 15.4%를 세금으로 떼는데, 이미 세금을 거둬가고 왜 또 종합소득세를 거둬가나요?

택스코디 – 이자소득이 발생하면 금융회사에서는 일단 15.4%를 원천징수하고 나머지 금액만 통장에 입금됩니다. 이로서 납세자는 납세 의무가 끝난 것이므로, 나중에 별도로 신고할 필요가 없습니다. 이처럼 납세자의 다른 소득과 합산하지 않고 납세 의무가 종결되는 것을 분리과세라고 합니다.

그런데 금융소득이 2천만 원이 넘어가면 초과된 금액을 종합과세, 즉 종합소득에 합산하게 됩니다. 가령 근로소득이 3억 원이고 금융소득이 5천만 원이라면, 근로소득 3억 원에 금융소득 중 2천만 원을 초과한 3천만 원을 더해서 3억 3천만 원에 대한 종합소득세를 내야 합니다.

연간 이자소득과 배당소득의 합계액이 2,000만 원을 초과하는 경우 금융소득을 근로, 사업소득 등 다른 종합소득과 합산해 종합소득세율(6~45%의 누진세율)로 소득세를 부과하는 것을 '금융소득 종합과세'라고 합니다. 그러므로 금융소득이 2,000만 원을 초과하는 경우 종합과세 되어 세금 부담이 급격히 늘어날 수 있습니다.

세알못 - 금융소득종합과세 부담을 줄일 방법은 없나요?

택스코디 - 먼저 이자, 배당소득의 수입 시기를 분산해야 합니다. 금융소득종합과세는 매년 1월 1일부터 12월 31일까지 발생한 금융소득을 합산해 2,000만 원 초과 여부를 판단합니다. 따라서 특정한 해에 금융소득이 집중되지 않도록 매년 소득을 분산하는 게 필요합니다.

또 만기가 정해진 예금 등 금융 상품도 이자소득이 발생하는 만기시점을 분산하고 만기가 정해지지 않는 투자상품이나 보험상품의 경우에는 환매 시점 또는 보험의 과세이연 전략을 활용해 이자 또는 배당소득이 발생하는 시기를 조정해도 절세가 됩니다.

비과세, 분리과세 상품을 적극적으로 활용하는 것도 방법이 될 수 있습니다. 매년 세법 개정을 통해 비과세되거나 분리과세가 가능한 상품이 줄어들어 제한적이지만 아직도 남아 있는 상품이 있습니다.

대표적으로 10년 만기 저축성보험 보험차익 비과세(일시납 1억 원, 월적립식 150만 원 한도), ISA 계좌(ISA 계좌 내 발생한 주식매매차익 비과세 및 이자 배당과 같은 금융소득 발생 시 200만 원까지 비과세, 초과분은 9% 분리과세), 연금저축계좌(2023년 불입분 부터 연간 900만 원까지 세액공제 가능 및 55세 이후 연금수령 시 5% 분리과세) 등이 있습니다.

마지막으로 소득 구간이 낮은 가족 명의로 증여하는 방법도 있습니다. 소득세는 인별로 과세합니다. 양도소득세처럼 세대합산으로 계산하지 않기 때문에 합법적인 범위 내에서 자녀명의, 배우자 명의로 금융자산을 분산 투자하면 세금이 줄어듭니다.

만약 본인이 수입이 증가해 매년 45%의 종합소득세율을 적용받는다면 배우자에게 6억 원, 성인 자녀에게 5,000만 원, 미성년 자녀에게 2,000만 원까지 세금 없이 증여가 가능하다는 점도 알고 있어야 합니다.

또 분산증여를 통해 45% (지방소득세 포함 시 49.5%) 세율로 내야 할 세금을 14% (지방소득세 포함 시 15.4%)의 이자소득세만 내면 되므로 세금을 크게 줄일 수 있습니다.

세금을 감면받는 9가지 방법은?

TV 속 뉴스에서는 오늘도 증세할지, 감세할지 여·야 정치인들이 다투고 있습니다. 증세는 세율을 높이는 방식이 일반적입니다. 그렇다면 감세는 어떻게 할까요? 세율을 낮출 수도 있지만, 그것보다 더 다양한 방식으로 세금을 감면할 수 있습니다.

이렇게 납세자의 세금 부담을 줄여주는 것을 '조세지출'이라고 합니다. 크게 둘로 나눌 수 있는데 일정한 금액만큼 세금 부담을 줄여주는 '직접감면'과 일정 기간 과세를 연기하는 '간접감면'입니다. 직접감면은 영구적으로 세금을 내지 않아도 되지만, 간접감면은 지금 내지 않아도 될 뿐 미래 어느 시점에는 세금을 내야 합니다.

직접감면 가운데 가장 많이 이루어지는 조세지출은 세액공제,

직장인 세테크의 기술

소득공제입니다. 연말정산 시즌이 오면 한 번쯤 들어보는 단어죠.

세액공제는 일정 금액만큼 납부세액에서 빼주는 제도입니다. 기업에 대해서는 주로 투자 촉진이나 연구개발, 고용 확대 등의 명목으로 이루어집니다. 통합투자세액공제, 연구인력개발비 세액 공제, 고용증대세액공제가 그렇습니다. 개인에 대해서는 보험료 세액공제, 의료비 세액공제, 교육비 세액공제 등이 있습니다. 살 아가면서 꼭 필요한 지출에 대해서는 공제해 주겠다는 겁니다.

소득공제는 과세소득에서 일정 금액을 제외하는 것을 말합 니다. 세율을 곱할 과세표준을 줄여주는 개념입니다. 과세소득 4,000만 원에서 300만 원의 소득공제가 된다고 가정하면, 3,700 만 원을 과세표준으로 확정해서 세율을 적용합니다. 고액연봉자 처럼 세율이 높게 적용될수록 감면액이 더 커지게 됩니다.

가장 적극적인 방식의 조세지출은 비과세입니다. 아예 과세 대 상 소득에서 제외하는 거죠. 예를 들어 회사 업무에 차량을 이용 하고 실제 여비를 받는 대신 지급받는 자가운전보조금은 월 20 만 원 이내로 비과세됩니다. 식비의 경우 2023년부터 월 20만 원 (2022년까지 월 10만 원)까지 비과세됩니다.

저율과세는 일반 세율보다 낮은 세율을 적용하는 과세 방식입니다. 이 외에도 근로 · 자녀장려세제, 부가가치세 영세율, 부가가치세 면세, 개별소비세 · 교육세 면제 등의 직접감면이 있습니다. 여기까지가 영구적으로 세금을 내지 않아도 되는 감면입니다.

영구적 감면은 아니지만, 과세 시점을 일정 기간 연기해 주는 간접감면에는 준비금, 과세이연, 이월과세가 있습니다.

준비금은 회사가 이익으로 배당하지 않고 회사에 유보하는 금액을 말합니다. 기업이 특정한 목적을 위해 준비금을 사내적립하는 경우 손비로 인정해 일정 기간 과세를 연기합니다.

과세이연과 이월과세는 기업이 자금 운용을 유연하게 할 수 있도록 배려한 제도입니다. 취득한 부동산을 팔고 다른 새로운 부동산을 취득하는 경우, 나중에 취득한 자산을 처분할 때까지 기존 부동산의 양도차익에 대한 과세를 이연해 주는 제도가 과세이연입니다.

이월과세는 개인이 사업용 고정자산을 현물출자해 법인에게 양도하는 경우 양도소득세를 부과하지 않고, 법인이 출자받은 자산을 처분할 때까지 과세를 연기하는 제도입니다.

조세지출의 종류

구분	용어	설명
직접 감면	비과세	과세대상 소득에서 제외
	세액감면	산출세액의 일정 비율을 납부세액에서 차감
	세액공제	일정 금액을 납부세액에서 차감
	소득공제	과세소득에서 일정 금액을 제외
	저율과세	일반 세율보다 낮은 세율을 적용
	기타감면	근로·자녀장려세제, 부가가치세 영세율·면제, 개별 소비세·교육세 면제
간접 감면	준비금	특정 목적 사내 적립 준비금을 손비로 인정해 일정 기간 과세 연기
	과세이연	자산을 대체 취득할 때 새로 취득한 자산을 처분할 때까지 과세 연기
	이월과세	법인이 출자받은 자산을 처분할 때까지 과세 연기

알아두면 쓸모 있는
생활세금

최고의 재테크는
복권 당첨이다?

1천 원을 투자해서 10억 원에 당첨될 수도 있는 복권, 재테크 수단으로 이만큼 좋은 것이 또 있을까요? 1천 원으로 복권 10억 원에 당첨되었을 때 수익률을 따져보면 무려 백만 퍼센트입니다.

그런데 로또복권에 당첨될 확률은 얼마일까요? 로또는 45개 숫자 중에서 순서에 상관없이 6개가 일치하면 1등으로 당첨이 됩니다. 1부터 45까지 숫자 중에서 하나를 골랐을 때, 고른 숫자가 6개의 당첨 숫자 중 하나일 경우의 수는 여섯 가지이고, 확률은 6/45입니다. 2번째로 고른 숫자가 나머지 5개의 숫자 중 하나일 경우의 수는 다섯 가지이고, 확률은 5/44입니다. 3번째로 고른 숫자가 나머지 4개의 숫자 중 하나일 경우의 수는 네 가지이고, 확률은 4/43입니다. 4번째로 고른 숫자가 나머지 3개의 숫자 중 하나일 경우의 수는 세 가지이고, 확률은 3/42입니다. 5번째로 고른 숫자가 나머지 2개의 숫자 중 하나일 경우의 수는 두 가지이고, 확률은 2/41입니다. 6번째로 고른 숫자가 나머지 1개의 숫자 중 하나일 경우의 수는 한 가지이고, 확률은 1/40입니다. 확률에서 경우의 수를 구할 때, 사건이 잇달아 일어나는 경우의 수는 곱해야 하는 곱셈의 법칙을 따릅니다. 따라서 각각의 확률을 곱해야 합니다.

$$6/45 × 5/44 × 4/43 × 3/42 × 2/41 × 1/40 = 1/8,145,060$$

따라서 로또 1등에 당첨될 확률은 8,145,060분의 1이 됩니다.

세알못 - 그럼 로또복권에 당첨되면 세금은 얼마나 내야 하나요?

택스코디 - 다음과 같습니다.

• 기타소득세 : 예를 들어 100억 원 당첨 시 최초 3억 원은 22%가 부과되고, 3억 원 초과분인 97억 원에 대해서는 33%가 세금으로 부과됩니다. 로또복권당첨 관련 세금은 재산이 많은 사람이든, 없는 사람이든 또는 소득이 많은 사람이든, 적은 사람이든, 어느 누가 당첨돼도 세금은 같은 금액이 발생합니다.

3억 원 × 22% + 97억 원 × 33% = 3,267,000,000원

따라서 100억 원 당첨금 중 33억 원 정도의 세금을 내면, 나머지 금액 67억 원은 통장에 입금됩니다. 이 금액으로 빌딩을 사기로 합니다. 그렇다면 취득세가 3억 원 정도 발생하므로, 64억 원의 부동산을 취득할 수가 있습니다.

참고로 소득세법 개정에 따라 2023년부터 정부가 세금을 부과하는 복권당첨금 기준이 5만 원에서 200만 원으로 올라갔습니다. 이에 따라 100만 원 남짓을 통상 받는 로또복권 3등 15만 명, 연금복권 3·4등 2만8천 명 등이 과세 대상에서 제외됩니다. 로또복권과 연금복권을 합칠 때 연간 18만 명 이상이 세금을 내지 않고 당첨금을 받게 됩니다.

통상 10억 원 이상을 받는 로또 1등, 수천만 원을 받는 로또 2등은 여전히 과세 대상입니다. 또 과세 대상이면 당첨금 수령에 앞서 주민등록번호 등 정보를 제공(지급명세서 작성)해야 하지만, 과세 대상에서 제외될 경우 개인정보 제공 절차도 없어집니다.

즉, 200만 원까지 당첨금을 받는 사람들은 은행을 방문해 신원만 확인되면 곧바로 당첨금을 받을 수 있습니다.

(비과세 기준선을 상향 조정하는 소득세법 개정은 2023년 1월 1일부터 시행되고 있습니다. 2022년에 복권이 당첨됐어도 2023년 1월 1일 이후 청구했다면 새로운 비과세 기준선을 적용받게 됩니다.)

주세, 술에 붙는 세금, 맥주 세금 인상 서민층을 위한 것이다?

마트에서 500ml 캔맥주를 하나 사면 (술에 부과되는 세금) 주세가 427.6원 부과됩니다. 교육 재정을 위한 교육세도 주세의 30%만큼 가격 안에 포함돼 있죠. 맥주 가격과 상관없이 같은 용량이라면 같은 값의 주세가 부과됩니다. 반면 소주는 공장에서 나오는 술의 출고 원가가 얼마인지에 따라 부과되는 주세가 다릅니다.

세알못 - 소주와 맥주 주세가 다른 이유는 무엇인가요?

택스코디 - 주세의 값은 '출고 원가'와 '용량' 중 무엇을 과세기준으로 하냐에 따라 달라집니다. 2020년 이전까지는 모든 술에 대해 출고 원가를 기준으로 주세를 부과했습니다. 맥주와 소주 둘 다 출고 원가의 72%만큼 주세가 붙었습니다.

이렇게 세금을 부과할 때 금액을 과세기준으로 하는 것을 '종가세'라고 합니다. 반면 용량이나 수량을 기준으로 세금을 부과하면 '종량세'라고 합니다.

우리에게 익숙한 것은 종가세입니다. 가장 많이 들어본 세목인 소득세 · 법인세 · 부가가치세만 생각해 봐도 모두 가격을 기준으로 세금을 내는 종가세죠. 종량세로 부과되는 세금은 대표적으로 담배소비세가 있습니다. 궐련형 담배는 20개비를 기준으로 1,007원의 세금을 부과합니다.

종가세로 부과하던 주세는 2020년부터 탁주 · 맥주에 한해 종량세로 바뀌었습니다. 원가가 쌀수록 가격경쟁력에서 절대적으로 유리해지는 종가세 특성상, 고급화를 추구하는 술일수록 세금 부담이 너무 크다는 비판이 제기되었기 때문입니다. 국산 맥주와 수입 맥주의 가격경쟁력 측면에서도 유통비 · 판매관리비가 포함되지 않은 수입신고가격이 과세기준인 수입 맥주가 더 유리했죠.

현재 주세 세율은 알코올 원액인 주정은 킬로리터당 5만7,000원, 탁주 4만2,900원, 맥주 85만5,200원입니다. 리터로 환산하면 맥주는 855.2원, 탁주 42.9원의 세금이 붙습니다. 전통주는 주종별 세율의 절반을 적용합니다.

주세 부과방식

연도	주종	부과방식	계산방법
2020년도 이전	탁주 · 맥주	종가세	출고가격 또는 수입신고가격 × 세율
2020년도 이후		종량세	출고량(알코올 도수와 용량) × 세율

탁주 · 맥주의 과세체계가 종가세에서 종량세로 변경됨에 따라 국내 맥주에 부과되는 세금이 2020년 이전과 비교해 경감되었습니다. 종가세 체계에선 술에 붙는 세금이 출고 원가의 약 113%에 달했지만, 이제는 그와 비교해 적은 세금을 내는 것이죠.

예를 들어 출고 원가가 1,000원인 500ml 맥주에 대해 종가세 체계에선 주세 720원(1000×72%), 교육세 216원(720×30%), 부가가치세 193.6원으로 총 1129.6원의 세금이 붙었습니다.

그러나 현행 종량세 체계에선 주세 427.6원(500×0.8552원), 교육세 128.28원(427.6×30%), 부가가치세 155.6원으로 총 711.5원의 세금이 부과됩니다.

그렇다면 소주에 붙는 세금은 어떨까요? 출고 원가가 500원인 360ml 소주에 대해 붙는 세금은 주세 360원(500원×72%), 교육세 108원(360원×30%), 부가가치세 96.8원으로 총 564.8원입니다. 소주는 여전히 원가보다 더 많은 세금을 내고 있습니다.

정부가 2023년 맥주와 탁주(막걸리)에 붙는 세금을 인상하며 "중산·서민층을 위한 것"이라는 설명을 했습니다. 2023년 4월 1일부터 맥주에는 ℓ당 885.7원, 막걸리는 ℓ당 44.4원의 세율이 적용됩니다. 세금은 기존보다 3.57%(각각 30.5원, 1.5원) 오른 금액입니다. 종가세 방식 (출고가격이 인상되면 가격에 따라 세금이 자동으로 늘어나는 구조)과는 달리 종량세는 매년 물가상승률을 반영해 ℓ당 세금을 조정합니다.

정부는 맥주나 탁주가 2022년 소비자물가 상승률 5.1%를 고려하면 원래 세금도 '5.1%' 올려야 하지만, 물가 상승률의 100%가 아니라 70%인 '3.57%'만 올렸기 때문에 세금이 종가세 방식 주류보다 덜 오르는 효과가 있다고 주장합니다.

결국, 세금을 올리는 것은 기정사실이고 또 올려야 하는데 그래도 세금을 덜 올렸으므로 "오히려 중산·서민층을 위한 것"이라고 설명하는 것입니다. 즉 '물가상승률보다 주세가 적게 올랐기 때문에 중산·서민층을 위한 것'이라는 설명인데 논리적 모순입니다.

주류업체들은 정부의 주세 인상 직후쯤 가격을 인상하기 시작합니다. 연달아 소매업계나 식당 등도 가격을 조정합니다. 통상 세금 인상 사유를 대고 세금 인상 폭보다 훨씬 크게 가격을 올리면서 소비자들의 불만이 커집니다.

자동차세,
연납으로 절세하자

세알못 - 자동차세 1월에 내면 할인이 된다는데, 연납신청을 놓쳤습니다.

택스코디 - 자동차를 보유한 사람은 1년에 두 번 나눠 6월과 12월에 자동차세와 지방교육세(자동차세×30%)를 내야 합니다. 예를 들어 배기량 2000cc의 차를 보유하고 있다면 자동차세로 40만 원(2000cc ×200원)을 20만 원씩 두 번 내는 것이죠.

그런데 자동차세를 한 번에 내면 세금을 아낄 수 있습니다. 위택스 (WETAX)에서 1월 16일부터 31일까지 자동차세 연납신청을 하면 됩니다. 만약 1월에 연납신청을 놓친다면 3·6·9월에도 신청할 수 있습니다.

직장인 세테크의 기술

승용차 자동차세 세율

과세 대상		세액	
		영업용	비영업용
승용차	배기량 1,000cc 이하	18원/cc	80원/cc
	1,600cc 이하	18원/cc	140원/cc
	2,000cc 이하	19원/cc	200원/cc 200원/cc 200원/cc
	2,500cc 이하	19원/cc	
	2,500cc 초과	24원/cc	
	그 밖의 승용차 (전기, 태양열, 알코올을 이용하는 자동차)	2만 원	10만 원

공제받을 수 있는 금액은 연세액 납부기한의 다음 날부터 12월 31일까지의 세액에 이자율을 적용한 금액입니다. 즉 세금을 미리 낸 기간만큼 이자를 적용해 공제해 주는 개념입니다. 그러므로 3·6·9월보다는 1월에 연납신청을 해야 공제액이 가장 큽니다. 기간을 적용한 할인율은 대략 1월 6.4%, 3월 5.3%, 6월 3.5%, 9월 1.8%입니다.

세알못 - 1월에 연납신청을 놓쳐 3월에 신청하려고 합니다. K9을 보유 중인데, 연납 할인 금액은 어느 정도일까요?

택스코디 - 배기량 3342cc의 K9을 보유하고 있다면 지방교육세를 포함한 연세액은 86만8,920원(3342cc×200원)이지만, 1월에 연납으로 한 번에 내면 5만5,650원을 공제받습니다.

3월에 연납하면 약 4만6,052원(86만8,920원×5.3%), 6월은 3만412원(86만8,920원×3.5%), 9월은 1만5,640원(86만8,920원×1.8%)을 공제받을 수 있습니다.

연납신청은 위택스 (WETAX)에서 온라인으로 신청할 수 있습니다. 한번 신청하고 연납하면, 다음 해부터는 별도 신청하지 않아도 연납신청에 대한 안내를 받을 수 있습니다.

참고로 자동차세 연납에 적용되는 이자율은 대통령령으로 정해집니다. 2023년 연납 공제 이자율은 7%가 적용되지만 2024년 5%, 2025년 3%로 축소될 예정입니다. 2023년 3342cc의 K9 자동차세를 1월에 내면 5만5,650원을 공제받지만, 2025년엔 2만3,853원만 공제받을 수 있습니다.

자동차세 연도별 연납 공제 이자율

연도	이자율
2021~2022년	10%
2023년	7%
2024년	5%
2025년	3%

참고로 차량의 연식이 오래되면 감가를 적용해 자동차 세액이 줄어듭니다. 신차가 출고된 후 1~2년 차까지는 계산된 자동차세 전액을 내야 하지만, 3년 차부터는 5%씩 감가해서 12년이 넘은 차량은 자동차 세액의 50%만 부담합니다.

세알못 - 연납 할인을 받은 후에 차를 중고로 팔게 되면 어떻게 되나요?

택스코디 - 자동차세는 보유 기간만큼 부과되기 때문에 신차를 구매한 경우 그날부터 그해 연말까지 보유 기간만큼 세금이 계산돼 나옵니다.

반대로 중고차로 팔거나 폐차하는 경우에는 차량을 팔거나 폐차하는 날까지에 해당하는 자동차세만 계산해 부담하면 됩니다. 만약 1월에 연납 할인을 받은 후에 중고차로 팔거나 폐차한 경우에는 일할 계산해서 더 낸 자동차세를 환급해 줍니다.

복권당첨금 상속재산에 포함될까?

세알못 - 1년 전 아버지께서 구매한 로또복권이 1등에 당첨됐습니다. 병세 악화로 돌아가시기 직전, 아버지께서는 오빠에게만 당첨금 대부분을 증여했습니다. 저는 뒤늦게 이 사실을 알게 됐습니다. 오빠에게 유류분 반환을 요구했지만, "아버지의 근로소득이 아니기에 줄 수 없다"라고 합니다. 복권당첨금은 정말로 상속재산에 포함되지 않나요?

택스코디 - 원칙상 피상속인(사망자)의 상속재산 범위는 사망 전까지 보유한 거의 모든 재산이 포함됩니다. 하지만 갑작스럽게 생긴 복권당첨금은 상속재산 포함 여부를 판단하기에는 쉽지 않은 게 사실입니다.

복권당첨금은 세무 법률상 불로소득에 해당합니다. 즉 노동의 대가로 얻은 소득이 아닌 우연한 기회에 일시적으로 얻은 소득이라는 말. 대표적으로 상금, 사례금 등이 있습니다.

피상속인의 불로소득이 특정 상속인에게 증여된다면 유류분 권

직장인 세테크의 기술

리자들은 자신의 지분을 요구할 수 있는지 혼란이 생길 수 있습니다.

결론부터 말하자면 로또 1등 당첨금 또한 유류분반환청구소송이 가능합니다. 피상속인의 노력 없이 생긴 재산도 법률상 문제없이 취득한 경우라면 상속재산 범위에 포함돼 유류분반환청구소송이 가능합니다.

유류분청구소송은 돌아가신 분 유언에 따라 모든 재산을 물려받은 상속자를 상대로 나머지 상속자들이 유류분권리를 주장하는 소송입니다.

형제가 두 명만 있는 경우 원래 받을 상속금액의 절반이 유류분입니다. 예를 들어 아버지가 남긴 재산이 총 2억일 때 상속금액은 각각 1억 원씩이고 유류분 계산으로는 그 절반인 5,000만 원씩입니다.

복권은 공공기관 등에서 운영하는 합법적 사업이고 이에 따른 당첨금 역시 법률상 문제가 되지 않기 때문에 당첨자의 고유재산이 됩니다. 따라서 당첨자가 된 피상속인이 특정 상속인에게만 모든 금액을 '증여' 또는 '유증'을 했다면 나머지 상속인이 유류분반환청구소송을 제기할 수 있는 기초재산이 됩니다.

피상속인의 재산이 법률상 문제가 없이 취득한 경우라도 상속인들은 한가지 유념해야 할 사실이 있습니다. 유류분반환청구소송은 민법상 '재산 증여나 유증에 대한 사실을 알고 피상속인의 사망으로부터 1년 내 그의 상속인이 소송을 제기해야 한다'고 규정하고 있습니다. 즉 소송을 제기할 수 있는 소멸시효가 존재한다는 뜻입니다. 피상속인의 어떤 재산이든 소멸시효를 먼저 확인한 후 법절차를 진행하는 것이 현명한 판단이 될 수 있습니다.

한편 복권처럼 급작스럽게 생긴 재산이지만, 유류분을 주장할 기초 상속재산에 포함되지 않는 것도 있습니다. 피상속인의 사망보험금이 대표적입니다.

사망보험금은 피상속인의 노동이나 노력에 의한 소득이 아니라는 점에서 복권당첨금과 비슷한 소득으로 볼 수 있습니다. 하지만 사망보험금은 수령인을 특정할 수 있다는 점에서 복권당첨금과 차이를 보입니다. 다시 말해 복권당첨금은 복권을 구매한 사람의 재산이 되지만, 사망보험금은 수령자를 따로 설정할 경우 사망한 가입자의 재산으로 볼 수 없다는 뜻입니다.

가령 피상속인이 사망보험금 수령자를 제 3자로 지정할 경우 법률상 제 3자의 고유재산이 되기 때문에 아무리 상속인이더라도 사망보험금에 대해 유류분조차 주장할 수 없습니다. 반대로 복권당첨금은 원칙상 복권을 구매한 사람이 당첨금에 대한 소유권을 갖기 때문에 복권당첨자가 자유롭게 재산권 행사도 가능한 것입니다.

유학 간 손주에게 보낸 생활비, 증여세 부과될까?

자녀를 키우면서 소요되는 생활비, 교육비, 용돈에 대해서는 증여세가 부과되지 않는 것이 상식입니다. 자녀를 부양하기 위해 발생하는 모든 경제행위를 증여로 볼 수는 없다는 건 당연하게도 느껴집니다.

> 세알못 - 그럼 부모가 아닌 조부모가 손주에게 지급하는 교육비와 생활비는 어떤가요?

> 택스코디 - 참 좋은 질문입니다. 이 또한 증여로 보지 않는 것이 당연한 상식일까요? 세법은 이 둘 간의 차이를 어떻게 구분하여 규정하고 있을까요? 다음 사례를 살펴봅시다.

A 씨는 아버지의 사업체에서 부사장 직함으로 근무하고 있습

니다. 미국에 유학 간 딸을 슬하에 두고 있습니다. 사업체를 운영하면서 절세의 중요성을 아시던 아버지는 아들을 위해 어릴 적부터 수차례 증여 신고를 했고 아들은 아버지의 도움으로 상당한 수준의 재력을 갖추게 됩니다. 아버지는 이 과정에서 미국에 유학 간 손녀의 대학교 학비, 생활비를 지원해 주시는 등 남다른 손주 사랑을 보여줍니다.

그런데 수차례 걸쳐 진행된 수십억 규모의 증여가 원인이 되어 관할 지방국세청장은 재산을 증여받은 아들을 세무조사 대상으로 선정했습니다. 직계존비속 간 금전 거래에 따른 신고·납부의 적정성을 살펴보게 됩니다.

그렇게 시작된 세무조사에서 세무조사관은 조부모가 손녀에게 지급한 학비, 생활비가 증여세 과세 대상이라고 주장을 합니다. 자녀에 대한 학비, 생활비는 증여세 대상이 아니라고 알고 있었기에 아들은 여러 가지 항변을 해보지만, 세무조사관은 아들의 직업과 자산규모 등을 살펴보고는 그 주장을 받아들이지 않았습니다. 무슨 이유일까요?

상속세 및 증여세법은 '사회통념 상 인정되는 피부양자의 생활비, 교육비'에 대해서는 증여세를 부과하지 아니한다고 규정하고 있습니다. 이를 달리 표현하면, 누구에게나 보편적으로 납득할 만

한 수준의 피부양자 생활비, 교육비에 대해서는 증여세를 부과하지 않는다고 문리해석 됩니다. 이에 대해 법원은 가치판단이 개입되는 사회통념의 수준을 논하기보다는, 당사자 간 관계가 '부양의무자 사이'인지 여부를 판단의 방점으로 두는 경향이 있습니다. 과세관청 또한 당사자 간 부양의무의 존부를 증여세 과세 여부의 판단 기준으로 삼고 있습니다.

그렇다면 위 사례에서 조부가 손녀에게 지급한 학비, 생활비에 증여세가 부과되는지 여부의 핵심은, 조부모가 손주의 부양의무를 지니는지 여부가 될 수 있습니다. 조세심판원은 부모에게 경제적 자력이 충분한 경우 '조부모의 손자에 대한 부양의무는 인정될 수 없다'라고 판단했습니다.

그러므로 무심코 조부모가 손주에게 마음을 담아 보낸 교육비, 생활비는 그 취지와 무색하게 증여세 고지서가 되어 손주에게 도달할 수 있습니다. 이 경우 조부모가 부담한 비용에 따른 산출세액에 30%만큼이 할증과세 (증여재산 가액이 20억 원을 초과하는 경우 40%, 세대 생략에 따른 할증과세) 된다는 사실에 주의해야 합니다. 이러한 조부모의 교육비 부담은 당사자들이 증여세 신고를 하지 않기 때문에 증여 당시 세무조사 대상으로 선정될 가능성이 크지는 않습니다.

그런데 조부모의 사망에 따라 상속세 신고·납부 시 과세관청은 피상속인의 상속개시일 전 10년간 직계비속에 대한 사전 증여 여부를 살펴보게 됩니다. 이 과정에서 적출되는 경우가 일반적입니다. 따라서 조부모의 연령, 부모의 부양 능력, 증여재산의 규모 등을 종합적으로 고려해 의사 결정하는 것이 현명한 방법입니다.

PART 03

알아두면 쓸모 있는
직장인 세테크

알아두면 쓸모 있는
직장인 세테크

종합소득세 신고를 하는 직장인도 있다

우리나라 소득세법에서 이자소득·배당소득·사업소득·근로소득·연금소득·기타소득이 종합과세 대상입니다. 벌어들인 모든 소득을 합산해 누진세율을 적용하므로 '종합과세'라고 합니다. 예외적으로 퇴직소득과 양도소득은 한 번에 많은 소득이 들어오기 때문에 세금 부담이 커질 수 있어 종합소득 대상으로 두지 않고 분류과세 소득으로 나누고 있습니다.

종합소득 중 원천징수로 분리과세 되는 때도 있습니다. 이자·배당소득은 2,000만 원 이하까지 15.4%로 원천징수 후 과세가 종료됩니다. 주택임대소득 2,000만 원 이하, 기타소득금액 300만 원 이하는 납세자가 원한다면 종합과세 대신 분리과세를 선택할 수 있습니다.

종합소득 과세방법

구분	종합과세	분리과세
과세 방법	모두 합산해 누진세율 적용	합산하지 않고 특정 세율로 원천징수

세알못 - 직장인은 어느 경우에 종소세 신고를 하나요?

택스코디 - 근로소득 하나만 있는 직장인은 연말정산으로 납세 의무는 종결됩니다. 그런데 다른 소득이 발생하면 얘기가 달라집니다.

우선 직장인이 부업을 한다면 종합소득세 신고대상이 될 확률이 높습니다. 사업소득이 있다면 금액과 관계없이 종합소득세 신고를 해야 하고, 기타소득금액이 300만 원을 초과하는 경우에도 신고해야 합니다.

사업소득의 경우 자영업자처럼 내 사업을 하는 사람에게만 해당하는 소득이라고 생각할 수 있지만 실제로는 그렇지 않습니다. 사업자등록 여부와 상관없이 직장인이 부업으로 번 소득은 사업소득 또는 기타소득으로 부과됩니다. (참고로 사업소득과 기타소득을 구분하는 기준은 '소득의 지속성 여부'입니다. 지속적이라면 사업소득, 일회적이라면 기타소득입니다. 원천징수세율에도 차이가 있어 사업소득은 3.3%, 기타소득은 8.8%의 세율이 적용됩니다. 만약 내가 받는 소득이 어느

직장인 세테크의 기술

쪽에 해당되는지 알고 싶다면 급여 내역서의 원천징수세율을 살펴보면 되는 것이죠.)

세알못 - 근로소득 외 금융소득이 있다면 어떻게 되나요?

택스코디 - 분리과세하는 이자·배당소득이나 주택임대소득만 있다면 신고하지 않아도 됩니다. 예를 들어 근로소득 외 매달 소액으로 버는 사업소득이 있다면 종합소득세 신고대상이지만, 이자소득만 2,000만 원 이하로 발생한다면 신고하지 않아도 됩니다.

- 직장인이 종합소득세 신고해야 하는 경우 : 부업으로 사업소득 발생, 부업으로 기타소득금액 300만 원 초과, 이자·배당소득 2,000만 원 초과, 주택임대소득 2,000만 원 초과

투잡으로 수익 올린 직장인 세금은 어떻게 되는 걸까?

최근 탈잉이나 크몽 같은 재능 거래 플랫폼에서 1인 출판 형식으로 전자책을 출판해 투잡으로 부 수익을 올리고 있는 직장인이 늘고 있습니다. 보통 전자책은 50페이지 기준 1만 원 선에서 거래되는데, 판매할 때마다 플랫폼에 거래 수수료를 내고 나머지 수익을 판매자가 가져가게 되는 구조입니다. 이렇게 전자책 판매로 부 수익이 쏠쏠하게 생기기 시작하면 세금 문제를 배제할 수 없습니다.

세알못 - 전자책 투잡으로 수익을 올리게 되면 세금 문제는 어떻게 되나요?

택스코디 - 전자책을 거래하는 대표적인 재능 거래 플랫폼인 탈잉과 크몽의 경우를 사례로 세금 정산 방식을 살펴봅시다.

직장인 세테크의 기술

먼저 탈잉의 경우에는 수익금에서 3.3%의 세율로 세금을 원천 징수한 뒤 수익금을 지급합니다. 예를 들어 탈잉 플랫폼에서 100만 원의 매출액이 발생했을 시 100만 원의 20%인 20만 원이 수수료로 차감됩니다. 이후 남은 수익금은 80만 원이고 80만 원의 3.3%인 26,400원을 뗀 최종 금액인 773,600원을 수령합니다. 그리고 이렇게 계산된 소득을 다음 해 연말정산 이후 5월 종합소득세 신고 기간에 근로소득과 합산해 신고하면 됩니다.

플랫폼에서 직접 원천징수하지 않고 전자책 판매자에게 세금계산서를 발급하는 크몽의 경우는 사업자등록 여부와 관계없이 크몽에서 전자책을 판매하게 되면 세금계산서를 수령하게 됩니다. (이때 세금계산서는 거래 영수증과 같은 개념으로 보면 됩니다.)

크몽 수익은 탈잉과는 다르게 세금을 미리 원천징수하지 않았으므로 결정세액을 자체 계산해야 합니다.

크몽을 통해 전자책을 판매해 100만 원의 수익이 났을 때, 총 '매출액'은 100만 원이 되고 수수료로 빠져나간 20만 원이 '비용' 그리고 매출에서 수수료를 제한 80만 원이 '이익'이 되는 것입니다. 이때 수수료 비용을 꼭 놓치지 않고 비용처리를 하는 것이 중요하며, 이렇게 나온 매출액을 합산해 이듬해 종합소득세 신고 기간에 신고하면 됩니다.

정리하면 탈잉의 경우에는 수수료 비용이 없으므로 총매출액인 100만 원을 기준으로 세액이 결정되고, 크몽은 수수료를 제한 80만 원을 기준으로 결정되는 것입니다. 이후 더 낼 부분과 덜 낸 부분에 대해 정산하면 세금 납부 절차가 종료됩니다.

참고로 크몽에서 수익을 내면 자진 집계해서 매출을 확정을 짓고 신고해야 하는데, 홈택스에 노출이 안 된다는 이유로 세금 신고를 간과하는 판매자들이 많습니다. 2019년 초부터 사업자등록이 되어있지 않은 비사업자도 국세청에서 수수료를 가지고 역산해 매출 집계한 뒤 기한 후 신고에 대해 고지하는 경우가 많아졌습니다. 가산세의 위험을 피하려면 미리 자진신고 하는 것이 좋습니다.

> 세알못 - 회사 다니면서 택배 투잡을 하고 있습니다. 택배도 개인사업자를 내는 게 좋다고 해서 사업자등록을 고민 중인데 재직 중에 사업자등록을 해도 되나요?

> 택스코디 - 회사가 허가하면 가능합니다.

현재 다니고 있는 회사가 소속 근로자의 사업자등록을 제한하는 취업 규칙이나 회사 규정을 별도로 정해놓지 않았다면 사업자등록을 할 수 있습니다.

사업자등록 신청서, 임대차 계약서, 신분증을 준비하고 업종별로 필요한 추가 서류가 있다면 해당 서류를 포함해 사업자등록을 하면 됩니다. 요즘은 직접 방문하지 않고도 홈택스로 손쉽게 사업자등록이 가능합니다.

퇴직연금 관리,
어떻게 해야 하나?

　부자들의 관심사가 '돈을 더 버는 투자'에서 '돈을 아끼는 절세'로 이동하고 있습니다. 계속되는 저금리로 투자처가 마땅치 않은 상황에서 세금이 워낙 비싸니 관심이 많을 수밖에 없습니다. 2%도 안 되는 금리에 투자하기보다 높은 세율을 절세하는 방법에 투자하는 것이죠.

　부자들은 높은 재력과 빠른 판단력으로 투자를 잘하지만 대부분 본인이 가지고 있는 것을 절약하고 절제하는 습관이 있습니다. 부자들의 관심사가 이미 투자 수익률보다 절세로 돌아선 것처럼 반드시 부자, 고액 자산가가 아니더라도 연금저축, 퇴직연금 등으로도 절세할 수 있는 부분들을 하나하나 꼼꼼히 따져보는 게 중요합니다.

　　　　　　　　　　　　　　　　　　　직장인 세테크의 기술

세알못 – 올해 2년 차 회사원입니다. 최근 퇴직연금 제도를 확정급여(DB)형에서 확정기여(DC)형으로 전환했습니다. 회사에서 퇴직연금을 알아서 관리해주는 DB형보다 제가 직접 퇴직연금을 운용할 수 있는 DC형의 수익률이 더 높다는 얘기만 듣고 바꿨는데, 잘한 선택인지 아직은 잘 모르겠습니다.

택스코디 – 국내 퇴직연금 제도는 크게 2가지(DB형, DC형)로 나눠집니다. 회사는 이 중 한 가지만 도입할 수도 있고, 두 가지를 모두 도입할 수 있습니다. 회사가 DB형과 DC형을 모두 도입할 경우 연금 가입자들은 가입 시점에 이를 선택할 수 있습니다. DB형에서 DC형으로는 근로 기간 중 한 번 변경할 수 있지만, DC형에서 DB형으로 갈아탈 수는 없습니다.

DB형은 퇴직금제도와 동일하게 가입자(근로자)가 퇴직 시 받을 급여가 근무 기간과 평균임금을 곱한 값으로 사전에 결정되어 있습니다. 평균임금은 퇴직 전 3개월간의 월 평균임금입니다. 한편 DC형은 퇴직금을 1년에 한 번씩 계산해 근로자의 퇴직연금 계좌로 선지급합니다.

만약 현재 입사 1년 차의 월급이 270만 원이고 매년 임금인상률이 3%라면 2년 차 278만 원, 3년 차 286만 원, 4년 차 295만 원, 5년 차 304만 원을 받게 됩니다. 이 근로자가 5년 차 때 퇴직한다고 가정할 때 DB형을 선택했다면 1,520만 원(304만 원 곱하기

5년)을 받고, DC형을 선택했다면 1,433만 원(5년 동안 매년 받은 퇴직금의 합)을 받는 셈입니다.

이렇게 보면 DB형이 DC형보다 받는 금액이 유리해 보이지만, 꼭 그렇지만도 않습니다. 근로자가 주식, 채권 투자 등을 통해 매년 임금인상률 이상의 수익률을 거둘 자신이 있다면 매년 미리 퇴직금을 정산받는 DC형이 유리합니다. 또 향후 큰 폭의 임금 인상을 기대할 수 없거나, 현재 회사에서 진급을 기대할 수 없는 경우도 마찬가지입니다. 진급 전 이직해 연봉을 올리고자 하는 근로자에게도 DC형이 유리합니다. 임금피크제에 따라 임금 삭감 시기가 다가오는 근로자에게도 최고 임금 수준에서 미리 퇴직금을 정산받을 수 있는 DC형이 절대적으로 유리합니다.

반면 임금 상승률이 높거나, 진급을 기대할 수 있는 상황이라 수년 내 이직 계획이 없다면 DB형을 선택하는 것이 낫습니다. 장기근속이 가능한 안정적인 회사에 다니는 사람도 DB형이 유리합니다. 투자에 자신이 없는 사람도 DB형에 가입하는 것이 바람직합니다.

퇴직연금 제도가 어떤 것은 항상 불리하거나 유리하다고 생각하면 안 됩니다. DC형을 선택해 매년 정산되는 퇴직연금을 굴려

임금상승률보다 더 높은 투자 수익률을 낼 수 있는지를 잘 따져 봐야 합니다. DC형이나, 개인형 퇴직연금(IRP) 가입자라면 자신의 퇴직연금 계좌가 있는 금융사에서 디폴트옵션 (사전지정운용제도) 상품을 선택해 좀 더 적극적인 퇴직연금 투자를 할 수 있습니다.

퇴직연금과 연금저축 외에도 세제 혜택을 받을 수 있는 금융 상품이 있다

    대표 절세 상품인 퇴직연금과 연금저축 외에도 세제 혜택을 받을 수 있는 금융 상품이 있습니다. 저축성 보험과 보장성 보험 등 주로 보험상품이 중심입니다.

    저축성 보험은 보험금에서 총 납입 보험료를 뺀 보험차익에 대한 이자소득세(15.4%)가 면제됩니다. 보장성 보험은 1년간 연 100만 원 한도 내에서 보험료의 13.2%(13만2,000원)를 연말정산 시 세액공제 받을 수 있습니다.

> 세알못 - 보험료 세액공제는 들어서 알고 있는데, 저축성 보험 비과세는 처음 듣네요. 조금 자세히 알려주세요.

> 택스코디 - 저축성 보험은 만기 시에 지급하는 환급금이 납입 보험료 합계액을 초과하도록 설계된 보험을 말합니다. 5년 이상 월 150만 원까지 적립하고 10년간 보유하면 비과세됩니다.

만기 시엔 계약자가 납입한 보험료 중 저축보험료에 대해 약정된 확정금리를 주는 상품입니다. 2022년 현재 주요 보험사들이 5%대 저축성 보험상품을 팔고 있습니다. 대다수가 5년 만기 일시납 방식입니다. 다만 저축성보험은 계약자가 낸 보험료 전액이 아닌 일부가 적립되는 구조여서 실제 수익률은 표면금리보다 낮아질 수 있습니다.

저축성보험은 이자소득 비과세 관점에서 유리합니다. 우리나라에선 연간 금융소득이 2,000만 원을 초과할 경우 금융소득종합과세대상이 되는데, 이자소득 비과세 적용으로 이를 피해 설계할 수 있습니다.

또 장기저축성 보험은 건강보험 피부양자 인정 소득 기준에서도 제외됩니다. 참고로 금융소득이 2,000만 원을 넘으면 피부양자 자격이 상실되고 지역가입자로 전환됩니다.

한편 보장성 보험은 사람의 생명이나 건강, 재산에 대한 피해가 발생하면 이를 보상받는 보험입니다. 저축성 보험과는 달리 만기 시 지급하는 환급금이 납입 보험료 합계액을 초과하지 않도록 설계돼 있습니다. 종신보험, 화재보험, 암보험, 치아보험, 자동차보험 등이 대표적입니다.

하지만 세액공제 혜택은 주어집니다. 연말정산 시 자동차 보험은 보장성 보험으로서 소득공제가 아닌 세액공제 대상입니다. 자동차 보험을 포함해 보장성 보험에 가입한 사람이라면 연간 납부보험료 100만 원 한도 내에서 12%의 특별 세액공제를 받을 수 있습니다.

그리고 개인종합자산관리계좌(ISA)도 대표적 세테크 수단입니다. ISA는 매년 최대 2,000만 원씩 5년 동안 1억 원 한도로 납입할 수 있는 투자 계좌입니다. ISA에 발생한 순이익은 연 200만 원까지 세금을 내지 않습니다.

지금까지는 ISA로 예·적금과 펀드·상장주식에만 투자할 수 있었지만, 2023년부터는 회사채와 장외주식시장(K-OTC) 내 중소·중견기업 주식에 투자해도 비과세 혜택을 받을 수 있게 됩니다.

알아두면 쓸모 있는
연말정산 절세법

연말정산 시작하기 전에 꼭 알아야 할 용어와 절세팁은?

연말정산을 통해 세금을 제대로 환급받으려면 순서를 잘 따라가야 합니다. 연봉에서 출발해 '총급여→근로소득금액→과세표준→산출세액→결정세액'의 관문을 무사히 통과해야 환급세액을 얻을 수 있습니다.

세알못 - 연말정산 시작하기 전에 꼭 알아야 할 용어와 절세팁은 무엇인가요?

택스코디 - 1년 동안 직장인이 벌어들인 소득을 기준으로 세금을 정확하게 계산하는 절차를 '연말정산'이라고 합니다. 세법 용어로 연간 근로소득이라고 하는데, 회사에서 일하고 받은 대가를 모두 포괄하는 개념이죠.

먼저 연봉이란 월급뿐만 아니라 상여금이나 각종 수당을 합친 것입니다. 회사와 맺은 연봉계약서를 보면 손쉽게 확인할 수 있습니다.

연봉에서 일부 항목은 세금을 계산할 때 포함하지 않습니다. 전문용어로 '비과세소득'이라고 합니다. 식대나 차량유지비처럼 월급 외에 별도로 받는 특별수당 같은 개념입니다. 식대는 월 20만 원, 차량유지비는 월 20만 원 이하까지 비과세 대상입니다. 월급명세서에서 식대가 항상 20만 원으로 적혀있는 이유도 비과세 한도에 맞췄기 때문입니다. (참고로 2022년 귀속 연말정산까지는 식대가 10만 원이며, 2024년 초에 2023년 귀속 연말정산을 할 때는 식대 비과세 한도가 20만 원으로 오르게 됩니다.)

회사에서 받는 자녀 육아수당도 월 10만 원씩 비과세 대상이고, 생산직 근로자가 야근이나 주말 근무 등 연장근로를 통해 받은 월 20만 원의 비과세 적용이 가능합니다. 외딴섬에서 일하는 직원이 받은 벽지 수당, 경찰이나 소방관의 위험수당, 교사의 연구활동비 등도 월 20만 원씩 비과세 대상입니다.

1. 총급여 = 연봉 - 비과세소득

연봉에서 비과세소득을 빼면 총급여가 산출됩니다. 연말정산에서 가장 많이 쓰이는 용어인 총급여는 공제 여부를 결정할 때 중요한 기준이 됩니다. 의료비, 신용카드, 연금계좌, 월세, 도서·공연비 등의 공제를 적용할 때 총급여를 따져보게 되죠. 의료비와 신용카드는 총급여 기준으로 일정 금액 이상을 지출해야 공제를 받을 수 있습니다. 의료비는 총급여의 3%를 넘게 지출한 금액부터 세액공제가 가능하고, 신용카드는 총급여의 25%를 초과하는 금액에 대해 소득공제를 적용합니다. 따라서 총급여 4,000만 원인 직장인은 의료비로 120만 원을 넘게 써야 하며, 신용카드는 최소 1,000만 원보다 더 써야 공제가 시작됩니다.

월세 세액공제와 도서·공연비, 주택마련저축 소득공제는 총급여 7,000만 원 이하인 직장인만 적용할 수 있습니다. 연금계좌 세액공제와 월세 세액공제는 총급여 5,500만 원 이하이면 우대 공제율을 적용하는데, 연금계좌 세액공제율은 12%에서 15%로 높아지고, 월세 세액공제율은 15%에서 17%로 올라갑니다.

2. 근로소득금액 = 총급여 - 근로소득공제

총급여를 확정하면 근로소득공제의 관문을 거쳐야 합니다. 다음 단계인 근로소득금액을 계산하기 위해 총급여에서 근로소득공제를 빼는 작업이죠. 모든 직장인이 적용받는 혜택이고, 총급여가 낮을수록 공제율이 높아지는 방식입니다. 총급여 500만 원 이하 구간에는 70%를 공제하고, 1,500만 원 이하 구간은 40%, 4,500만 원 이하 구간은 15%, 1억 원 이하 구간은 5%를 적용하며, 1억 원 초과 구간은 공제율 2%를 적용합니다. 예를 들어 총급여가 4,500만 원이면 근로소득공제로 1,200만 원을 차감하며, 총급여 1억 원이면 1,475만 원을 공제합니다.

3. 과세표준 = 근로소득금액 - 소득공제

총급여에서 근로소득공제를 빼면 근로소득금액이 나옵니다. 여기서부터 각자 상황에 맞게 공제를 하나씩 적용해야 합니다. 공제할 대상과 금액이 늘어날수록 과세표준을 낮출 수 있고, 실제로 내야 할 세액도 줄어들게 되죠. 본격적인 절세가 여기서부터 시작되는 것입니다.

먼저 사람 수에 따라 공제금액이 결정되는 '인적공제'부터 채워 넣으면 됩니다. 인적공제에는 기본공제와 추가공제로 구분합니다. 기본공제는 본인을 비롯해 부양가족 1인당 150만 원씩 공제하는 것입니다. 예를 들어 부양가족이 없는 독신 가구 근로자는 기본공제 150만 원만 적용하면 되며, 자녀 2명을 부양가족으로 등록했다면 300만 원과 본인 150만 원을 합쳐 총 450만 원의 기본공제를 적용합니다.

부양가족은 연간 소득금액이 100만 원 이하인 가족만 해당하며, 근로소득만 있는 가족은 총급여 500만 원 이하인 경우에만 인정됩니다. 부모님은 만 60세 이상, 자녀는 만 20세 이하이면 부양가족이 될 수 있습니다.

부모님의 연세가 많거나 배우자 없이 자녀를 키우는 직장인은 추가공제 혜택도 받을 수 있습니다. 70세 이상 부모님을 모시고 산다면 1인당 100만 원의 경로우대 공제를 받게 됩니다.

배우자 없이 자녀를 키우면 한부모공제로 100만 원을 적용하고, 종합소득금액 3,000만 원 이하인 여성 직장인은 50만 원의 부녀자공제를 받습니다. 두 공제요건을 모두 충족하면 한부모공제 하나만 선택해서 100만 원의 공제만 적용합니다.

인적공제를 끝내면 소득공제로 넘어가게 됩니다. 국민건강보험료, 고용보험료, 노인장기요양보험료는 전액 공제 대상입니다. 주택자금을 마련하기 위해 대출을 받은 경우에도 소득공제가 됩니다. 주택담보대출을 받은 1주택 직장인은 이자 상환액을 공제받을 수 있으며, 전세에 사는 직장인은 주택임차차입금 원리금 상환액의 40%를 400만 원 한도로 공제받습니다. 주택마련저축에 가입했다면 납입 금액의 40%를 공제받습니다.

신용카드 공제는 신용카드와 현금영수증, 직불카드 사용액을 합친 금액이 총급여의 25%를 넘는 금액에 대해 각각 다른 공제율을 적용합니다. 신용카드 사용금액은 15%를 공제하고, 현금영수증과 직불카드는 두 배인 30%를 공제합니다. 전통시장과 대중교통에 지출한 금액은 40%를 공제하며, 도서 · 공연 · 박물관 · 미술관 이용료는 30%의 공제율을 적용합니다.

공제 한도는 총급여에 따라 다르게 정해져 있습니다. 신용카드 공제는 총급여 7,000만 원 이하이면 연간 300만 원의 한도를 적용하며, 총급여 7,000만 원을 넘으면 250만 원, 총급여 1억2,000만 원을 넘으면 200만 원의 한도를 적용합니다. 신용카드 공제 한도를 모두 채웠더라도 전통시장과 대중교통, 도서 등은 각각 100만 원의 한도를 추가로 부여받게 됩니다.

4. 산출세액 = 과세표준 × 세율

근로소득금액에서 공제항목들을 모두 적용하면 과세표준이 산출됩니다. 과세의 기준이 되는 금액이 정해진 겁니다. 과세표준에서 세율을 곱하면 세액이 계산됩니다.

세율은 과세표준에 따라 6%부터 45%까지 누진세 방식으로 적용합니다. 과세표준 1,400만 원 이하는 6%, 5,000만 원 이하는

15%, 8,800만 원 이하는 24%, 1억5,000만 원 이하는 35%, 3억 원 이하는 38%, 5억 원 이하는 40%, 10억 원 이하는 42%, 10억 원 초과는 45%의 세율이 매겨집니다.

과세표준이 1,400만 원이면 세율 6%를 적용해 84만 원의 세액이 계산됩니다. 과세표준 5,000만 원이면 산출세액 624만 원, 과세표준 8,800만 원은 산출세액 1,536만 원, 과세표준 1억5,000만 원은 산출세액 3,760만 원입니다. 과세표준 3억 원은 산출세액 9,460만 원이며, 과세표준 5억 원은 산출세액 1억7,460만 원, 과세표준 10억 원은 산출세액 3억8,460만 원으로 올라갑니다.

5. 결정세액 = 산출세액 - 세액공제

산출세액을 구했으면 또 하나의 기분 좋은 관문을 통과합니다. 바로 세액공제 혜택입니다. 실제로 내야 할 세금을 줄여주기 때문에 절세 효과가 두드러지게 보이죠. 예를 들어 산출세액이 100만 원인 직장인이 세액공제로 30만 원을 받으면 실제로 내야 할 세금은 70만 원으로 줄어드는 겁니다.

앞서 적용한 근로소득공제와 비슷한 용어인 '근로소득세액공제'부터 적용합니다. 모든 직장인이 받을 수 있는 혜택으로 산출세액이 130만 원 이하이면 55%를 공제하고, 130만 원을 넘으면 초과금액의 30%를 공제합니다. 산출세액이 130만 원이면 71만 5,000원을 돌려받는 셈이죠.

다만 총급여에 따라 다른 한도를 확인해야 합니다. 총급여 3,300만 원 이하인 직장인은 산출세액에서 최대 74만 원을 돌려받고, 총급여 7,000만 원 이하이면 최대 66만 원, 총급여 7,000만 원을 넘으면 최대 50만 원만 돌려받습니다.

7세 이상의 자녀가 있는 직장인은 1인당 15만 원의 세액공제를 받습니다. 자녀가 2명이면 30만 원의 세금을 돌려받고, 자녀가 3명을 넘어가면 세액공제 혜택이 1인당 30만 원으로 늘어납니다. 자녀 3명이면 세액공제 금액은 총 60만 원, 자녀 4명이면 90만 원을 공제받는 겁니다. 2022년에 자녀를 출산하거나 입양한 직장인은 첫째 30만 원, 둘째 50만 원, 셋째부터는 70만 원을 세액공제 받을 수 있습니다.

세액공제 가운데 가장 가성비가 높은 항목으로는 연금계좌 공제를 꼽을 수 있습니다. 총급여 5,500만 원 이하는 공제율 15%, 총급여 5,500만 원을 넘으면 공제율 12%를 적용합니다. 한도는 900만 원이기 때문에 총급여 5,500만 원 이하인 직장인은 최대 135만 원을 절세할 수 있습니다.

직장인 세테크의 기술

보험료 세액공제는 가장 인기가 많은 항목으로 매년 1,000만 명 넘는 직장인이 신청합니다. 보장성보험이라고 부르는 생명 · 상해 · 손해보험료를 100만 원 한도로 12% 세액공제 합니다. 보험료로 1년 동안 100만 원을 썼다면 연말정산에서 12만 원을 돌려받는 셈이죠. 장애인전용 보장성보험료는 세액공제율 15%를 적용합니다.

의료비와 교육비는 각각 15%의 세액공제율을 적용합니다. 본인의 치료나 교육을 위해 지출하면 전액 공제가 가능하며, 부양가족을 위해 썼다면 정해진 한도를 초과할 수 없습니다. 부양가족에 대한 의료비는 한도는 700만 원, 교육비는 미취학 · 초 · 중 · 고생 1인당 300만 원, 대학생은 900만 원의 한도가 부여됩니다.

기부금은 20%를 세액공제 하는데, 1,000만 원을 초과한 금액에는 35%의 공제율을 적용합니다. 이러한 특별세액공제 가운데 받을 항목이 아무것도 없다면 표준공제를 신청하면 됩니다. 연 13만 원의 세액공제를 받을 수 있습니다.

6. 결정세액 VS 기납부세액

산출세액에서 세액공제를 거치면 최종 세액이 확정됩니다. 직장인이 국세청에 실제로 납부하는 것으로 '결정세액'이라고 부르죠. 결정세액에서 매월 원천징수를 통해 이미 낸 세액과 비교한 후, 그 차액을 정산해야 합니다.

예를 들어 매월 30만 원씩 연간 360만 원의 소득세를 원천징수한 직장인의 결정세액이 200만 원이면 160만 원을 더 낸 셈이 됩니다. 이런 경우에는 연말정산을 통해 소득세 160만 원을 환급받을 수 있습니다. 반대로 결정세액보다 이미 낸 세액이 적다면 소득세를 추가로 납부해야 합니다. 연말정산에서 오히려 세금을 토해냈다고 하는 경우인데, 그만큼 매월 원천징수한 세금이 적었다는 의미입니다.

연말정산 공제신고서를 제출한 직장인은 다음 달 월급을 받을 때 근로소득원천징수영수증과 함께 환급세액을 확인할 수 있습니다. 결정세액에서 기납부세액을 뺀 '차감징수세액'이 마이너스이면 그만큼 소득세를 돌려받습니다. 지방소득세 10%도 추가로 환급받게 됩니다.

예를 들어 차감징수세액이 마이너스(-) 100만 원이면 지방소득세 10만 원을 포함해 총 110만 원을 돌려받을 수 있습니다. 국세청이 1년 동안 더 받아간 소득세 100만 원을 돌려주고, 지방자치단체도 더 걷었던 10만 원을 환급해주는 겁니다.

만약 연말정산에서 부양가족을 빠뜨렸거나 교육비 등 공제를 입력하지 못했다고 해도 다시 세금을 환급받을 기회가 있습니다. 5년 이내에 경정청구를 진행하면 됩니다. 국세청 홈택스(PC버전)나 손택스(모바일버전)에서 경정청구를 선택하고, 빠뜨린 공제항목을 입력한 후 증빙서류를 첨부하면 한 달 이내에 세금을 돌려받을 수 있습니다.

인적공제 절세금액, 경우의 수로 따져보자

인적공제는 연말정산에서 꼭 챙겨야 하는 사항입니다. 소득·나이 요건만 맞으면 대상자 1명당 150만 원을 근로소득금액에서 소득공제 되죠. 납세자 본인에 대해서는 조건 없이 150만 원 공제해 줍니다. 소득공제는 세율을 적용할 과세표준에서 특정 금액을 제외하는 것입니다.

• 과세표준 = 근로소득금액 − 소득공제

세알못 – '연말정산 공제 많이 받으려면 일단 부양가족이 많아야 한다' 라고 합니다. 부양가족 수에 따라 얼마나 세금이 줄어드나요?

우선 근로소득금액은 총급여에서 근로소득공제를 뺀 금액입니다. 총급여가 3,500만 원이면 1,050만 원을 제외한 2,450만 원이 근로소득금액입니다.

- 근로소득금액 = 총급여(연봉 - 비과세소득) - 근로소득공제

근로소득금액 2,300만 원 초과 5,000만 원 이하 납세자가 부양가족이 없어 납세자 본인에 대해서만 인적공제를 받으면 소득공제로 감면되는 세금은 22만5000원 (150만 원x15%)입니다. 인적공제 대상자가 본인 포함 2명일 때 45만 원(300만 원x15%), 3명일 때 67만5,000원(450만 원x15%), 4명일 때 90만 원(600만 원x15%), 5명일 때 112만5,000원(750만 원x15%), 6명일 때 135만 원(900만 원x15%)입니다.

근로소득금액 5,900만 원 초과 8,800만 원 이하 납세자는 인적공제가 1명일 때 36만 원(150만 원x24%), 2명일 때 72만 원(300만

원x24%), 3명일 때 108만 원(450만 원x24%), 4명일 때 144만 원(600

만 원x24%), 5명일 때 180만 원(750만 원x24%), 6명일 때 216만 원

(900만 원x24%)의 세금이 절세됩니다.

예를 들어 근로소득금액 5,400만 원일 때 인적공제를 6명 받으

면, 과세표준은 900만 원(150만 원x6명)을 제외한 4,100만 원이 됩

니다. 세율이 적용되는 과세표준 구간이 변동됩니다. 소득세율표

에 따라 계산하면 절세액은 171만 원입니다.

한편 근로소득금액 6,000만 원에 인적공제가 6명 적용되면 절

세액은 216만 원입니다. 같은 근로소득금액에 인적공제를 4명 받

으면 144만 원이 절세됩니다.

경우의 수로 본 인적공제

근로소득금액	인적공제		소득공제 절세액
2,300만 원 초과 5,000만 원 이하	1명	본인	225,000원
	2명	본인, 배우자	450,000원
	3명	본인, 배우자, 부모 1명	675,000원
		본인, 배우자, 자녀 1명	
	4명	본인, 배우자, 부모 2명	900,000원
		본인, 배우자, 자녀 2명	
		본인, 배우자, 자녀 1명, 부모 1명	
	5명	본인, 배우자, 자녀 1명, 부모 2명	1,125,000원
	6명	본인, 배우자, 자녀 2명, 부모 2명	1,350,000원

	1명	본인	360,000원
5,900만 원 초과 8,800만 원 이하	2명	본인, 배우자	720,000원
	3명	본인, 배우자, 부모 1명	1,080,000원
		본인, 배우자, 자녀 1명	
	4명	본인, 배우자, 부모 2명	1,440,000원
		본인, 배우자, 자녀 2명	
		본인, 배우자, 자녀 1명, 부모 1명	
	5명	본인, 배우자, 자녀 1명, 부모 2명	1,800,000원
	6명	본인, 배우자, 자녀 2명, 부모 2명	2,160,000원
9,700만 원 초과 1억 5,000만 원 이하	1명	본인	525,000원
	2명	본인, 배우자	1,050,000원
	3명	본인, 배우자, 부모 1명	1,575,000원
		본인, 배우자, 자녀 1명	1,575,000원
	4명	본인, 배우자, 부모 2명	2,100,000원
		본인, 배우자, 자녀 2명	
		본인, 배우자, 자녀 1명, 부모 1명	
	5명	본인, 배우자, 자녀 1명, 부모 2명	2,625,000원
	6명	본인, 배우자, 자녀 2명, 부모 2명	315만 원

세알못 - 해외에서 출산 후 출생신고도 했고, 가족관계증명서도 발급했어요. 현재 해외 체류 중이어서 아직 아기의 주민번호는 없는데요. 부양가족에 아기를 넣고 싶은데 주민번호가 없는 경우에는 불가능한가요?

택스코디 - 해외에서 출생하여 주민등록번호가 없는 경우에도 가족관계증명서에 의해 자녀임이 확인되는 경우라면 기본공제 및 자녀세액공제가 가능합니다. 국내 입국해 외국인 등록증, 여권번호 등이 발급된 경우라면 가족관계증명서와 함께 제출하고 납세자등록을 한다면 기본공제 대상자로 등록해 공제 가능합니다.

놓치기 쉬운 소득공제, 세액공제 항목은?

세법에서 정의하는 장애인은 우리가 일반적으로 생각하는 장애인과는 조금 다릅니다. '장애인등록증(복지카드)'과 같은 증명서로 확인되는 일반적인 장애인은 당연히 세법상으로 장애인이지만, 그렇지 않은 경우에도 장애인이 될 수 있습니다. 세법에서는 장애인복지법에 따른 장애인뿐 아니라 국가유공자 관리법에 따른 상이자 또는 그와 비슷한 자로서 근로 능력이 없는 자도 장애인으로 인정해줍니다. 그리고 '기타 항시 치료를 요하는 중증환자'도 장애인으로 봐줍니다. 마지막 항목이 중요한데 이는 의사의 판단으로 결정되는 부분입니다. 암이나 중풍 환자의 경우 보통 장애인이라고 표현하지 않지만, 세법에서는 장애인으로 인정해주고 있습니다. 그 밖에도 의사로부터 '장애인증명서'를 발급받으면 세법상 장애인으로 인정받을 수 있습니다.

연말정산을 하는 근로소득자들이 가장 많이 놓치는 공제항목은 암, 치매, 중풍, 난치성질환 등 항시 치료해야 하는 중증환자 장애인공제입니다.

항시 치료를 요하는 중증환자는 병원에서 장애인증명서를 발급받으면 '세법상' 장애인공제가 가능합니다. (참고로 병원에서 발급하는 중증환자 장애인증명서는 병의 종류와 관계없이 의사의 최종 판단으로 발급됩니다.)

발달재활서비스를 지원받고 있는 장애아동도 세법상 장애인에 포함됩니다. 하지만 병원에서 이를 잘 몰라 장애인증명서 발급을 거부하는 사례가 있어 주의가 필요합니다.

부양가족 공제의 경우 소득금액 100만 원을 초과하는 만 60세 미만 부모님부터 만 20세가 넘은 자녀까지 이에 해당하면 의료비 공제만 가능합니다. 의료비 공제는 나이와 소득에 상관없기 때문입니다.

만약 소득금액 100만 원을 넘지 않는다면 위 해당 부모나 자녀는 의료비뿐만 아니라 신용카드, 기부금도 공제받을 수 있습니다.

만 60세를 넘긴 소득금액 100만 원 이하인 부모님, 처부모님, 시부모님, 조부모님, 외조부모님과 따로 거주하는 경우라도 기본공제 등이 가능합니다. 이때 다른 형제가 있는 경우 서로 공제 여부를 확인해 소득자 한 명이 공제를 받아야 이중공제를 피할 수 있습니다

이와 관련해 국제결혼으로 인해 외국에 거주하는 (처·시) 부모님, 재혼한 부모님도 공제받을 수 있고, 이혼으로 친권을 포기한 자녀의 공제도 가능합니다.

세알못 - 또 주의해야 할 사항은 무엇이 있나요?

택스코디 - 의수족, 휠체어, 보청기 등 장애인 보장구, 교복구매, 종교 단체 기부금 등이 연말정산 간소화 서비스에 조회되지 않아 공제를 놓치는 경우도 많습니다.

특히 금융회사를 옮기면서 장기주택저당차입금이자 내역이 간소화 서비스에 누락되거나, 무주택자가 전세자금 대출을 받으면서 주택임차차입금 상환 내역이 간소화 서비스에서 조회되지 않는 경우가 있으니 주의해야 합니다.

이밖에도 요양병원 의료비, 따로 살면서 동생 대학등록금을 지출한 경우, 유학 중인 자녀교육비, 근로자 본인 해외대학원 교육비 등이 놓치기 쉬운 연말정산 공제항목입니다. 다음은 '연말정산

때 놓치기 쉬운 소득 • 세액 공제항목'입니다.

놓치기 쉬운 소득·세액공제

- 암, 치매, 중풍, 난치성 질환 등 항시 치료를 요하는 중증환자 장애인 공제
- 장애아동복지지원법에 따른 발달재활서비스를 지원받고 있는 장애아동
- 따로 거주하는 부모님의 부양가족 기본공제 등
- 소득금액이 100만 원 이하인 만60세 미만 부모님의 신용카드 · 의료 비 · 기부금 공제
- 소득금액이 100만 원 이하인 만20세 초과 자녀의 신용카드 · 의료 비 · 기부금 · 교육비 공제
- 소득금액 100만 원 초과 부모님과 자녀의 의료비 공제
- 맞벌이 부부 의료비, 아버지 · 아들 · 딸 등 두 사람 이상이 소득이 있 는 경우의 의료비
- 차입금을 대환 한 장기주택저당차입금이자 공제 등
- 유학 중인 자녀의 고등학교 · 대학교 교육비, 근로자 본인의 해외 대학 원 교육비
- 직장 때문에 지방에 따로 사는 동생 대학등록금 교육비 공제
- 장애인보장구 등 연말정산 간소화서비스에서 조회되지 않는 비용
- 요양비용 의료비
- 이혼으로 친권 포기 한 자녀 공제
- 이혼 · 사별로 혼자 아이를 키우는 경우 한부모가족공제
- 외국에 거주하는 (처 · 시) 부모님 공제
- 아버지의 재혼으로 인한 새어머니 공제

무주택 직장인을 위해 2023년부터 바뀌는 것은?

2023년부터는 청년들이 청약에 당첨되기 더 쉬워집니다. 추첨제가 확대되고 청년 특별공급도 새로 생기기 때문입니다. 무주택자를 위해 2023년부터 바뀌는 것. 첫째, 청년 전세자금보증 한도가 확대됩니다. 한국주택금융공사(HF)가 만 34세, 연소득 7,000만원 이하 무주택 청년을 대상으로 운용하는 청년 맞춤형 전세자금보증 특례 한도가 1억 원에서 2억 원으로 확대됩니다.

둘째, 연말정산 월세 세액공제가 늘어납니다. 무주택 직장인의 주거비 부담을 줄여주는 제도로 2023년 1월 1일부터 총급여 5,500만 원 이하인 직장인은 월세 지출액의 최대 17%를 세금에서 공제해 주는 게 대표적입니다. 2022년까지는 12%를 공제해줬습니다. 총급여 5,500만~7,000만 원 직장인에게 적용되는 월세액

세액공제율은 10%에서 15%로 상향됐습니다.

세알못 – 월세 금액은 30만 원입니다. 세액공제 금액은 얼마인가요?

택스코디 – 2023년 연말정산에는 총급여 5,500만 원 이하는 17%, 총급여 5,500만 원 초과 7,000만 원 이하는 15%의 공제율이 적용됩니다. 1년 치 월세 한도는 연 750만 원으로 유지됩니다.

월 30만 원씩 연간 360만 원을 지출했다면, 총급여 5,500만 원 이하는 61만2,000원 (360만 원 × 17%)을 환급받습니다. 총급여 5,500만 원 초과 7,000만 원 이하는 54만 원 (360만 원 × 15%)을 돌려받습니다.

만약 월 50만 원씩 연간 600만 원을 월세액으로 지출했다면 총급여 5,500만 원 이하는 2022년 72만 원에서 2023년 102만 원으로 환급액이 증가합니다. 총급여 5,500만 원 초과 7,000만 원 이하인 경우에도 2022년보다 30만 원 더 돌려받게 됩니다.

월 62만5,000원씩 연간 750만 원을 월세액으로 지출하면 총급여 5,500만 원 이하는 127만5,000원, 총급여 5,500만 원 초과 7,000만 원 이하는 112만5,000원을 환급받습니다.

셋째, 집주인 세금 체납 조회가 쉬워집니다. 현재는 임대인의 사전 동의를 얻는 경우에만 임대인의 세금 체납을 조회할 수 있습니다. 앞으로는 임차개시일 전까지 세입자가 계약서를 지참해 세무서장 등에게 열람을 신청하면 임대인의 세금 체납 내역을 확인할 수 있습니다.

넷째, 국세보다 세입자 보증금을 먼저 보호합니다. 전세 사는 도중 집이 경·공매로 넘어가면 체납된 세금을 먼저 떼어가고 남는 금액에서 전세금을 돌려줬습니다. 앞으로는 세입자의 확정일자 이후 내야 하는 세금이 있다고 해도 세입자 보증금을 먼저 변제해 줍니다. 부동산시장이 침체 된 만큼 청약 문턱도, 규제의 강도도 크게 낮아진 걸 볼 수 있습니다.

그리고 장기 대출을 한, 이른바 '영끌'해 내 집을 마련한 직장인들이 2024년 연말정산 시 2023년 이자 납입분에 대해 더 많은 소득공제를 받게 됩니다. 특히 현재 500만 원으로 한정된 변동금리부 대출(15년 이상)의 소득공제 한도는 큰 폭으로 늘어날 전망입니다. ('장기 주택저당차입금 이자상환액 소득공제 한도 확대 최종 개편안은 2023년 여름 전후로 나올 예정으로, 2024년 연말정산, 즉 2023년 이자 상환액부터 적용될 예정입니다.)

참고로 장기 주택저당차입금 이자상환액 소득공제는 주택을 사들이는 과정에서 대출을 받은 사람의 대출이자 상환액을 과세 대상 소득에서 빼주는 제도입니다. 근로소득자를 대상으로 하는 소득공제 제도로, 1주택자만 대상이 됩니다. 내 집 마련 과정에서 대출금을 최대한 늘린 이른바 '영끌'족들은 15년 이상 장기 대출을 쓴 경우가 많아 이 소득공제 제도 개편의 영향을 받습니다. 현재 500만 원으로 설정된 15년 이상 변동금리부 주택 대출 소득공제 한도의 확대 폭이 가장 커질 가능성이 큽니다. 한도가 300만 원에 불과한 10~15년 고정금리·비거치식 분할상환 대출 역시 상향조정 가능성이 있습니다. (현행 이자 상환액 소득공제는 상환 기간이 15년 이상일 때 고정금리이면서 비거치식 분할상환이면 최대 1,800만 원까지, 고정금리이거나 비거치식 분할상환이면 1,500만 원까지, 변동금리나 거치식 등 이외 방식에 500만 원을 각각 공제합니다. 상환 기간이 10년 이상 15년 미만이라면 고정금리이거나 비거치식 분할상환 방식인 경우에 한해 300만 원까지 공제해 줍니다.)

연말정산
신경 쓸 필요 없는
직장인도 있다

2023년부터 연말정산 간소화 서비스에서 개인정보 제공에 동의하면, 근로자가 자료를 다운받아 회사에 제출할 필요 없이 국세청에서 회사로 자료가 바로 전달됩니다. 연말정산이 더 간편해질 예정이지만, 그래도 납세자 스스로 증명서류를 챙겨야 하는 경우도 생깁니다. 그런데 이런 복잡한 상황들을 굳이 신경 쓸 필요가 없는 직장인도 있습니다.

세알못 – 대학 졸업 후 작년 11월 첫 입사한 직장인입니다. 저도 연말정산 서류 챙겨야 하나요?

택스코디 – 지난해 11월에 입사했다면, 급여에 따라 소득·세액공제 증명서류를 애써 챙기지 않아도 떼인 세금을 전액 환급받을 수 있을 확률이 높습니다.

직장인 세테크의 기술

독신(본인)으로 연간 총급여액 1,408만 원 이하, 2인 가족(본인, 배우자) 1,623만 원 이하, 3인 가족(본인, 배우자, 자녀) 2,499만 원 이하, 4인 가족(본인, 배우자, 자녀 2명) 3,083만 원 이하라면 자동으로 공제되는 항목인 근로소득공제, 인적공제, 표준세액공제, 자녀세액공제, 근로소득세액공제만 반영해도 최종적으로 내야 할 세금이 '0'이 되기 때문입니다. 한마디로 떼어간 세금이 적단 뜻입니다.

그런데 신규입사한 회사가 첫 근무회사가 아니라 전에 근무했던 회사가 있다면 전 근무지 근로소득을 합산해 연말정산을 해야 합니다. 연말정산은 입사 후 1년 동안 낸 세금을 정산하는 것이 아니라, 세금을 부과하는 과세기간 1년을 기준으로 합니다.

전 근무지에서 근로소득원천징수영수증을 발급받아 현 직장에 제출하면 됩니다. (아르바이트를 하면서 받았던 일용근로소득이에 대해서는 합산할 필요가 없습니다.)

만약 이직하기 전 근로하지 않은 날이 있다면 그 기간에 사용한 신용카드, 의료비 등은 공제받을 수 없습니다. 소득·세액공제는 근로자가 직장을 다니는 기간 동안 지출한 비용만 공제해 줍니다. 근로 기간이 아닐 때 지출한 주택자금·신용카드 사용금액,

주택마련저축 소득공제, 보장성 보험료 · 의료비 · 교육비는 공제받지 못합니다.

다만 기부금, 개인연금저축, 연금계좌, 소기업 · 소상공인공제부금은 근로 기간과 관계없이 공제받을 수 있습니다. 지출한 기부금이 있는데 신규입사자로 이미 낸 세금을 모두 환급받아 올해 공제받을 수 없다면, 기부금 이월공제를 통해 10년 이내에 돌려받을 수 있습니다. 내년 연말정산에 증명서류를 제출해 공제받으면 됩니다.

참고로 소득 · 세액공제 항목이 많지만, 특정액 이상 사용해야 공제받을 수 있는 것도 있습니다. 의료비 세액공제, 신용카드 세액공제가 대표적입니다. 의료비는 총급여의 3%, 신용카드는 총급여의 25%를 초과해 사용해야 공제 대상입니다. 총급여 3,500만 원의 근로자가 있다면 875만 원을 초과하는 금액을 신용카드 등으로 지출해야 하죠. 안경 구매비용도 의료비로 연 50만원 한도 공제받을 수 있지만, 의료비 지출액이 총급여의 3%를 넘지 못한다면 해당하지 않습니다.

또 특정일을 기준으로 공제 여부를 판단하는 때도 있습니다. 월세 세액공제는 전년도 12월 31일을 기준으로 무주택 세대주여야 합니다. 만약 작년에 월세방에서 자취를 하다가 12월 31일 기준 자가 소유 부모님 집 세대원으로 편입해 살고 있다면 공제받지 못합니다.

PART 04

알아두면 쓸모 있는
연금과 부동산

알아두면 쓸모 있는
고수의 세테크

세테크 계획을 세우기 전 변화하는 제도는 꼭 알아야 한다

세금 관련 제도는 해마다 조금씩 때론 크게 바뀝니다. 정부는 해마다 세법 개정안을 내놓고, 여야는 이를 두고 공방을 벌인 뒤 일부 수정을 거쳐 통과시킵니다.

세알못 - 2023년 세테크 계획을 세우기 전 반드시 알아야 하는 변화하는 제도는 어떤 게 있나요?

택스코디 - 앞서 본 것처럼 월세 세입자를 위한 세액공제 혜택이 늘어나고 근로장려금과 자녀장려금이 확대됩니다. 또 종합부동산세와 소득세 부담이 완화됩니다.

1주택자도 큰 부담이 됐던 종합부동산세는 2023년부터 완화됩니다. 먼저 비과세 기준인 기본공제 금액이 6억 원(공시가격 기준)

에서 9억 원으로 높아집니다. 1가구 1주택자는 11억 원에서 12억 원으로 상향됩니다. 따라서 공시가격 11억 5,000만 원 주택을 한 채 보유하고 있다면 종합부동산세를 아예 내지 않아도 된다는 뜻입니다. 만약 부부가 공동명의로 1주택을 보유하고 있다면 공제액이 12억 원(1인당 6억 원)에서 18억 원(1인당 9억 원)으로 조정됩니다.

그리고 다주택자도 종합부동산세 부담이 줄어듭니다. 2022년까지는 조정대상지역에서 주택을 두 채 보유하고 있으면 중과세율(최고 6.0%)이 적용됐지만, 2023년부터는 일반세율(최고 2.7%)을 기준으로 세금이 부과됩니다. 또 조정대상지역에 3주택 이상을 가지고 있다 하더라도 과세표준 12억 원 이하는 중과 대상에서 제외됩니다.

세율도 조정됐습니다. 2022년엔 일반세율이 과표에 따라 0.6~3.0%, 중과세율은 1.2~6.0%였습니다. 2023년에는 일반세율이 0.5~2.7%로 낮춰졌습니다. 중과세율은 12억 원 초과 구간부터 적용되는데 최고 세율이 5.0%로 조정됐습니다.

과세표준	일반 2주택 이하		조정대상지역 2주택		3주택 이상	
	2022년	2023년	2022년	2023년	2022년	2023년
3억 원 이하	0.6	0.5	1.2	0.5	1.2	0.5
6억 원 이하	0.8	0.7	1.6	0.7	1.6	0.7
12억 원 이하	1.2	1.0	2.2	1.0	2.2	1.0
25억 원 이하	1.6	1.3	3.6	1.3	3.6	2.0
50억 원 이하	1.6	1.5	3.6	1.5	3.6	3.0
94억 원 이하	2.2	2.0	5.0	2.0	5.0	4.0
94억 원 초과	3.0	2.7	6.0	2.7	6.0	5.0

새집을 샀다가 기존 집을 팔지 못한 일시적 2주택자에게 1주택자와 같은 세제 혜택을 주는 기간도 2년에서 3년으로 늘어납니다. 일시적 2주택 특례는 1가구 1주택자가 이사 등을 위해 신규 주택을 취득해 일시적으로 2주택이 된 경우 종전 주택을 처분 기한 내 양도하면 양도소득세와 취득세, 종합부동산세 관련 1주택 혜택을 적용해주는 제도입니다.

정부는 처분 기한을 2022년 5월 2년으로 늘렸고, 2023년 1월 12일 다시 3년으로 조정했습니다. 그 결과 지역에 상관없이 주택을 구매한 지 3년 이내라면 양도소득세 1가구 1주택 비과세 혜택 및 장기보유특별공제(최대 80%)를 적용받을 수 있습니다. 취득세도 중과세율(8%)이 아니라 기본세율(1~3%)을 적용하게 됩니다.

직장인의 근로소득세 부담도 줄어듭니다. 소득세 과세표준 구간이 조정됐기 때문입니다. 8개 소득세 과표 구간 중 6%와 15% 세율이 적용되는 구간을 늘리는 방식을 통해서입니다. 2022년까지는 6%의 세율이 과표 1,200만 원 이하 구간에 적용됐지만, 2023년부턴 1,400만 원 이하로 확대됩니다. 15% 구간은 1,200만~4,600만 원에서 1,400만~5,000만 원으로, 24% 구간은 4,600만~8,800만 원에서 5,000만~8,800만 원으로 조정됐습니다. 높은 세율(35~45%)이 적용되는 8,800만 원 초과 구간은 바뀌지 않았습니다.

따라서 연봉 3,000만 원(과표 1,400만 원) 직장인이라면 소득세 부담이 30만 원에서 22만 원으로 27.0% 줄어들 것입니다. 연봉 5,000만 원(과표 2,650만 원) 직장인은 170만 원에서 152만 원으로 10.6%, 7,800만 원(과표 5,000만 원) 직장인은 530만 원에서 476만 원으로 5.9% 줄어들게 됩니다.

입주권은
주택이 아니다?

2021년 1월 1일부터 양도소득세 계산 시 분양권도 주택 수에 포함되면서 1주택자가 분양권이나 입주권을 취득하면 2주택자가 됩니다. 다만, 분양권에 당첨 및 전매 취득하거나 조합원 입주권을 취득한 후 3년이 지나고, 완공 전부터 완공된 후 3년 이내 (전세대원이 전입 후 1년 이상 거주)에 종전 주택을 양도하면 일시적인 2주택자로 보고 양도소득세를 비과세합니다.

문제는 여기에서 말하는 '완공'의 의미가 실무적으로 명확한 기준이 아니라는 점입니다. 조합원 입주권의 경우 '사용승인일을 완공일로 본다'라는 세법상 유권해석이 내려져 있습니다. 그러나 분양권은 완공을 사용승인일로 판단할지, 잔금을 치른 날로 할지에 대한 법 해석이 엇갈리는 상황입니다. 실무적인 분양권의 취득 시기는 시공사나 분양사에 잔금을 치른 날이 되는데, 일반적으로는 사용승인이 먼저 나고 수개월 내에 잔금을 치릅니다.

종전 주택 처분 기한을 분양권 잔금날짜로 알고 있다가는 3년 이내 처분해야 하는 시점을 놓칠 수도 있는 것입니다. 정부가 최근 소득세법 시행령을 고쳐 2023년 1월 12일 이후 취득분부터 종전 주택 처분 기한을 2년에서 3년으로 늘리기로 했지만, 취득 시기에 대한 법적인 표기는 단순히 '완공일'로만 돼 있습니다. 분양권을 포함한 일시적 2주택자의 종전 주택 처분 기한에는 여유가 생겼지만, 취득일 판단의 모호함은 여전한 것입니다. 이에 따라 최대한 기한에 여유를 두고 종전 주택을 매각해야만 비과세에 문제가 생기지 않을 수 있습니다. 분양권 완성주택의 완공일에 관한 규정이 명확하지 않고 유권해석도 없다 보니 세무사들끼리도 완공일 판단에 의견이 갈릴 정도입니다. 일반적으로 사용승인이 나고 잔금을 치르는 사이 몇 개월 정도 차이가 나기 때문에 딱 3년에 맞춰서 팔 계획인 분들은 몇 개월 차이로 비과세를 놓칠 수 있으니 주의해야 합니다.

그런데 주택이 아닌 주택 입주권을 1개 보유한 상태에서 추가로 입주권을 1개 더 사들이면, 해당 주택이 완공되기 전에는 일시적 2주택자로서 비과세 혜택을 받을 수 없다는 법령 해석이 나왔습니다. 다만 입주권이 주택으로 완공돼 3년 이내 처분 등의 조건을 만족하면 비과세 적용이 가능합니다.

1세대 1주택자였던 A씨가 보유하던 주택이 재개발·재건축에 들어가 조합원 입주권이 된 상태에서 새로운 입주권을 매입했다고 가정합시다. 일시적으로 입주권을 2개 보유하게 된 A씨가 1주택자로서 비과세 혜택(양도차익 12억 원까지 비과세)을 받기 위해서는 기존 입주권을 정해진 기한 내에 처분해야 합니다. 그런데 새로 매입한 입주권이 주택으로 완공되기 전에 기존 입주권을 양도한다면 A 씨는 비과세를 적용받을 수 없습니다.

법령에 따르면 일시적 2주택자는 주택을 양도할 때 일정 요건을 충족할 경우 비과세 혜택을 받을 수 있습니다. 그런데 A 씨의 경우엔 주택이 아닌 입주권을 양도하는 경우여서 해당 규정이 적용되지 않는다는 설명입니다. (현행법에 따라 2021년 1월 1일 이후 취득한 입주권은 양도소득세 과세기준인 보유 주택 수에는 포함되지만, 주택으로 해석되지는 않습니다.)

그러나 만약 A씨가 신규 입주권이 주택으로 완공된 후 3년 이내에 기존 입주권을 양도한다면, 양도소득세 비과세 혜택을 누릴 수 있습니다.

자산을 입주권 상태에서 양도하면 비과세 혜택을 받을 수 없지만, 입주권이 주택으로 완공된 후에는 납세자가 완공된 신규 주택을 취득한 상태에서 기존 입주권을 처분하는 셈입니다. 처분 기한 등 요건을 만족한다면 비과세 적용이 가능합니다.

다시 강조하자면 일시적 2주택자가 비과세 혜택을 받는 요건인 주택 처분 기한이 최근 일괄 3년으로 연장됐습니다. 종전에는 일시적 2주택자가 기존 주택 1채를 보유한 상태에서 신규 주택을 취득할 경우 2년 이내 기존 주택을 처분해야 특례를 받을 수 있었습니다.

주택 처분 기한 연장으로 앞으로는 새집을 사고 3년 안에 나머지 집을 팔면 1세대 1주택자로 간주해 비과세 혜택을 받을 수 있다는 의미입니다. 마찬가지로 실거주 목적으로 분양권이나 입주권을 사들인 1주택자 역시 새집이 완공되고 3년 이내에 기존 주택을 팔면 양도소득세 비과세 혜택을 받을 수 있습니다.

다만 1주택자가 비과세 혜택을 받기 위해선 반드시 기존 주택을 취득하고 1년 이상 시간이 지난 후에 분양권이나 입주권을 매입해야 합니다. 취득일로부터 3년 이내에 기존 주택을 양도하거나, 해당 입주권이 완공된 후 세대 전원이 이사해 1년 이상 계속

거주하면서 완공일로부터 3년 이내에 기존 주택을 양도하면 비과

세 적용이 가능합니다.

.

2023년부터
강화되는
부동산 세금이 있다

부동산 세제와 관련된 규제들이 전반적으로 완화되는 추세지만, 2023년부터 일부 강화되는 내용도 포함됐습니다.

먼저 2023년부터 이월과세 적용 기간이 5년에서 10년으로 조정됩니다. 이월과세는 거주자가 배우자 또는 직계존비속으로부터 증여받은 부동산 (토지, 건물, 분양권, 조합원 입주권, 특정 시설물 이용권 등) 등을 일정기한 내 양도하는 경우 양도차익을 계산할 때 수증자가 아닌 증여자의 최초 취득가액과 취득일을 기준으로 양도소득세를 계산하는 제도입니다

종전까지 이월과세 제도는 '증여받은 날로부터 5년 내 양도'로 규정하고 있어 '증여받은 날로부터 5년경과 후 양도'한다면 양도차익 계산 시 취득가액은 거주자가 증여받은 증여재산가액으로

계산됐습니다. 즉 증여 시점으로부터 5년 이후 양도한다면 당초 증여한 배우자 및 직계존비속의 취득가액과 취득시점부터 증여 시점까지의 부동산 등의 가치 상승분이 수증자의 취득가액이 되기 때문에 양도소득세를 합법적으로 절세할 수 있게 되는 것입니다. 하지만 앞으로 이월과세 적용 기간이 5년에서 10년으로 늘어나 배우자 및 직계존비속 간 증여 후 양도를 통한 절세가 어려워졌습니다.

그리고 취득세 과세표준도 눈여겨볼 만합니다. 유상취득 및 원시취득(신축·증축)의 경우 취득세 과세표준이 사실상의 취득가격(실거래가)으로 변경됩니다. 전에는 개인의 유상·원시 취득세 과세표준을 취득당시의 가액을 원칙으로 하면서 신고가액과 시가표준액 중 높은 금액을 과세표준 금액으로 인정했습니다. 결과적으로 신고가액이 시가표준액보다 높으면 적법한 신고로 인정돼 납세자가 과세표준을 임의로 결정해 신고할 수 있었습니다.

유상취득의 경우 현재에도 실지거래가액을 쉽게 확인할 수 있으므로 사실상의 취득가격을 기준으로 신고를 해 개정안이 미치는 영향은 미미할 것으로 보이지만 건물을 신축하는 원시취득의 경우 사실상의 취득가격 제도에 큰 영향이 있을 것으로 전망됩니다.

다음으로 증여를 원인으로 취득한 경우 취득세 과세표준이 시가표준액(공시가격)에서 시가인정액을 원칙으로 변경됩니다. 기존에 사용되던 시가표준액은 시가인정액이 없는 때에만 예외적으로 적용될 수 있었습니다.

세알못 - 시가인정액이 무엇인가요?

택스코디 - 시가인정액이란 취득일 전 6개월, 취득일 후 3개월 이내 기간 중 매매, 감정가액, 경매·공매가액 및 유사매매사례가액 중 최근 거래 가액을 말합니다.

정리하면 2023년부터는 증여받은 주택에 대한 취득세 부담이 더욱 커집니다. 종전 취득세 과세표준은 공시가격을 기준으로 하는 '시가표준액'을 적용하고 있지만, 2023년부터는 감정가액, 공매가액, 유사매매사례가액 중 하나인 '시가인정액'으로 과세표준이 바뀝니다.

구체적으로는 증여취득일 6개월 이내에 해당 주택의 감정평가액이나 공매가격, 혹은 유사매매사례가액이 있는 경우 그중에서 가장 최근의 가격을 증여취득가격으로 보고 취득세를 부담하게 됩니다.

공시가격은 보통 실제 거래가격의 60~70% 전후로 크게 낮은

데, 감정평가나 공매는 실제 시세와 가깝게 결정되고, 유사매매사례는 실제 해당 주택과 같은 지역의 비슷한 주택의 매매가격입니다. 어떤 것이든 공시가격보다는 높을 가능성이 크죠. 따라서 취득세 부담이 증가할 것입니다.

가족 간 부동산 거래, 가장 좋은 '절세법'은?

최근 부동산시장이 혹한기를 맞은 가운데 거래절벽이 이어지자 차라리 자녀에게 집을 상속하거나 증여하려는 경우가 많아졌습니다.

세알못 - 시한부 판정을 받은 홀어머니로부터 아파트(34평형, 시가 10억 원)를 받아야 하는데, 상속과 증여, 매매 세 가지 방법 중 어떤 것이 가장 세금을 덜 내는 방법인가요?

택스코디 - 매매의 방식은 자녀가 목돈이 필요하고 시가에 맞게 거래해야 하므로 실제로는 잘 쓰지 않는 방식이지만, 증여나 상속과 비교해 가장 적은 세금을 낼 수 있습니다. 다음을 살펴봅시다.

1. 상속의 경우

어머니가 배우자가 없는 상태에서 돌아가신다면 최소 5억 원만 공제를 받을 수 있으므로 이를 적용하고 상속세율을 적용하면 약 8,700만 원 정도의 상속세가 발생합니다. 여기에 아파트를 상속으로 취득하는 경우 공동주택가격(7억 원 가정)에 2.96%의 세율을 적용한 2,100만 원 취득세를 더하면 약 1억800만 원 정도의 세금을 내야 합니다.

2. 증여의 경우

아파트의 시가인 10억 원에 대한 증여세 2억1,800만 원에 취득세(10억 원에 3.8%) 3,800만 원까지 총 2억5,600만 원의 세금 부담이 발생합니다. 어머니가 위독하셔서 시간이 얼마 없다면 증여를 했을 때 오히려 세금 부담이 훨씬 커질 수 있습니다.

3. 매매의 경우

직계존비속 간 거래 시 부당행위계산 부인의 규정과 증여추정규정이 적용됨에 따라 시가에 따라 거래해야 하고, 고액의 매매대금을 실제로 지급해야 하므로 실무적으로는 잘 적용되지 않지만, 가장 세금 부담은 적습니다.

사연자인 자녀가 시가 10억 원을 어머니에게 지급하면 매매 방식으로 취득할 수 있고, 사례처럼 어머니가 1주택자라면 비과세가 적용되어 양도소득세도 없을 수 있습니다. 만약 양도소득세가 없다면 어머니는 현금 10억 원을 보유하게 되고, 이 상태에서 돌아가시면 상속공제 5억 원에 추가로 금융상속공제 2억 원이 적용되므로 상속세는 4,900만 원 정도가 발생합니다. 아파트가 현금으로 바뀌면서 '금융상속공제'가 적용된 것입니다.

여기에 자녀가 다른 주택이 없다면 매매로 취득하는 것이기 때문에 10억 원에 3.3%의 세율을 적용해 3,300만 원의 취득세가 붙게 됩니다. 다른 주택이 있다면 취득세 중과규정이 적용될 수 있지만, 없다는 가정에선 매매로 내는 세금이 총 8,200만 원 정도로 아파트를 상속받은 경우와 비교하면 2,600만 원 정도의 절세 효과가 있는 것입니다.

다만 이는 단순히 일반적인 상황을 예로 들어 설명한 것이고 이전에 상속받은 재산이 있는지, 보유한 주택 수는 몇 개인지 등에 따라 세율이 달리 적용될 수 있으므로 조금 더 세세하게 따져봐야 합니다.

또 매매로 취득하는 경우가 금융상속공제의 혜택을 받을 수 있는 이점이 있는 것 맞지만 반드시 절세가 된다고 볼 순 없습니다. 상속받은 경우, 취득세도 1주택 특례를 적용할 경우 0.96%의 저율의 세율이 적용될 수도 있으며, 매매로 취득하는 경우 양도소득

세를 비과세가 적용된다고 가정했는데, 비과세가 적용되지 않고
양도소득세가 발생하는 상황도 있을 수 있기 때문입니다.

고수의 세테크, 부동산 하락기 절세법은 따로 있다

세알못 - 집값이 전고점 대비 40%~50%까지도 급락하며 매수심리가 더욱 위축되는 양상입니다. 이런 하락장에서는 부동산 세금 절세법은 어떤 게 있나요?

택스코디 - 처한 상황마다 다른데 우선 내가 보유세를 감당할 수 있는지를 확인부터 해야 합니다. 내가 감당할만한 수준이고 (그렇게 나쁜 물건이 아니라면) 굳이 팔 이유가 없습니다. 가격 하락 여부와 관계없이 보유하는 것이 좋습니다.

그런데 하락한 가격으로 팔기는 아깝지만, 보유세도 부담이 된다면 증여나 (가족에게) 매매를 통해 보유세를 줄이는 선택을 해야 합니다. 만약 집이 3채가 있는데 팔려고 했더니 하락한 주변 시세 가격으로 팔기 아깝다면, 따로 사는 자녀에게 증여를 하거나 아니면 싸게 팔아버리는 방법이 있습니다.

직장인 세테크의 기술

첫 번째 증여는 지금 같은 하락기에 증여세 자체를 줄일 수 있습니다. 증여는 그 당시에 시가를 기준으로 해서 증여세가 나오기 때문입니다.

특히 지금 대부분 지역이 조정대상지역에서 비조정대상지역으로 지정되었는데, 이런 경우 증여취득세율 또한 내려가기 때문에 규제지역 완화를 통한 증여취득세 절세효과도 누릴 수 있습니다.

두 번째는 가족한테 (특수관계자한테) 싸게 파는 겁니다. 이걸 활용하기 좋은 상황은 양도소득세 비과세 요건을 충족한 1주택자입니다. 만약 세대 분리가 돼 있는 자녀가 있다면 자녀한테 싸게 팔아버리는 것입니다.

싸게 팔았으니까 넘기는 사람, 즉 부모는 양도소득세를 내야 하는데 1주택자 비과세 요건을 충족했다면, 세금이 확 줄게 됩니다. 사 간 사람, 즉 자녀는 명의 이전으로 취득세만 내면 되죠. 이때 취득세는 증여취득세가 아니라 일반 유상 매매에 따른 취득세를 내는데, 자녀도 무주택이면 취득세율도 낮아서 일석이조입니다. 다만 이 경우에는 자녀의 자금출처를 소명해야 한다는 조건이 충족되어야 합니다.

따라서 자녀가 자금 능력이 충분히 되고 해당 주택이 비과세가 가능하다면 (특수관계인에게) 저가 양수도 방법을 통해 절세하면 좋습니다.

또한 양도하면 부담부증여나 일반 증여와 달리 이월과세 규정을 적용받지 않기 때문에 처분 시점에 대한 제한이 없이 자유로운 출구전략 수립이 가능하다는 것도 장점입니다.

세알못 - 특수관계자 간 양도 시에도 공인중개사를 통해야 하나요?

택스코디 - 특수관계인 사이의 거래이고, 이미 상호 간 합의가 완료되어 진행하기 때문에 일반적인 매매 관행에 따라 계약서를 작성한다면 꼭 중개인을 통하지 않더라도 문제가 되지는 않습니다.

세알못 - 자녀의 양수대금을 빌려주는 경우, 주의할 점은 무엇인가요?

택스코디 - 저가양수도로 취득하기 위한 대금이 부족해 차용을 활용하려는 경우, 세무리스크와 절세 실익을 잘 비교해봐야 합니다. 가족 간 차용증은 상환능력, 실제 상환 여부 등에 따라 효력을 부인당할 가능성이 크기 때문에 제반 사정을 고려한 의사결정이 이루어져야 합니다.

알아두면 쓸모 있는
노후 준비

당신의 연금을 설계하자

2023년부터 세제적격연금계좌에 납입할 경우 적용되는 세액공제액이 늘어납니다. 연금계좌는 세액공제가 있는 세제 적격과 없는 세제 비적격으로 나뉩니다. 연간 납입 한도는 각각 1,800만 원입니다. 세제 적격 계좌의 경우 납입한 금액 전체에 대해서가 아니라 그 중 일정 금액까지(공제 한도), 일정 비율만큼(공제율) 세액공제가 적용됩니다.

세알못 - 세제적격연금계좌에는 무엇이 있나요?

택스코디 - 세제적격연금계좌는 다시 연금저축펀드, 연금저축보험 등 연금저축계좌와 개인형 퇴직연금 (IRP), 확정기여형 퇴직연금(DC) 등 퇴직연금계좌로 나뉩니다. 각각의 계좌는 가입자의 소득과 연령에 따라 공제 한도가 달랐습니다.

기존 한도는 300만, 400만, 600만, 700만, 900만 원 등으로 매우 다양하고 복잡했습니다. 특히 600만 원과 900만 원 한도는 급여소득이 1억2,000만 원 이하이고 나이가 50세 이상인 계층만이 대상이었습니다.

그러나 2023년부터 연금저축계좌는 600만 원까지, 퇴직연금계좌 단독 또는 합계 900만 원까지 모두에게 동일한 한도가 적용됩니다. 이제는 소득이 더 커도 나이가 더 어려도 같은 한도가 적용됩니다.

2023년부터 한도 상향되는 연금계좌 세액공제

총급여액	공제율	납입한도(연금저축납입액)		
		2022년		2023년
		50세 미만	50세 이상	구분 없음
5,500만 원 이하	15%	700만 원 (400만 원)	900만 원 (600만 원)	900만 원 (600만 원)
1억2천만 원 이하	12% 12%			
1억2천만 원 초과		700만 원 (300만 원)	700만 원 (300만 원)	

세알못 - 그렇다면, 이러한 한도 확대의 세액공제 효과는 얼마나 되나요?

택스코디 – 공제율은 종전과 같은 16.5%(주민세 포함) 또는 13.2%가 적용되는데, 소득 구간과 계좌별로 최소 26만 원에서 최대 40만 원 공제액이 늘어납니다. 급여소득 5,500만 원 이하 가입자는 연간 최대 세액공제액이 116만 원(이하 반올림)에서 149만 원으로 33만 원 늘어나는 것입니다. 5,500만 원 초과 가입자의 경우 92만 원에서 119만 원으로 26만 원 증가합니다.

2023년부터 이른바 '주택 다운사이징' 차액을 연금계좌에 추가 납입할 수 있게 됐습니다. 고령 가구가 더 싼 주택으로 이사할 경우 그 차액(1억 원 한도)을 세제적격연금계좌에 추가 납입할 수 있게 된 것입니다. 기존에는 개인종합자산관리계좌(ISA) 만기 시 연금계좌로 전환하고 전환금의 10%(300만 원 한도)에 대해 세액공제를 받을 수 있었는데, '주택 다운사이징' 차액도 연금계좌에 납입할 수 있도록 한 것입니다. 다만 고령 가구 전부가 해당하는 것은 아니고 부부 중 1인이 60세 이상이고, 1주택이어야 합니다.

주택 다운사이징은 주택연금과 더불어 부족한 노후소득을 충당하기 위한 방법 중 하나입니다. 주택연금 대상은 부부 중 한 명이 55세 이상이고, 공시가격 9억 원 이하의 주택입니다. 이보다 고가 주택을 보유한 경우 다운사이징과 연금계좌 추가 납입, 즉시연금, 주택연금 등을 결합할 수도 있습니다. 주택연금 대상이 9억 원에서 12억 원 이하로 확대되는 작업이 진행 중인 것도 고려해야 합니다.

다음 변화로는, 2023년부터 연금계좌에서 연금수령 시 연금소득에 대한 분리과세를 통해 세금 부담을 줄일 수 있게 됐습니다. 수령 연금은 납입과 운용 과정에서 세금 혜택을 받은 부분과 그렇지 않은 부분으로 구분되는데, 전자는 소득세법상 연금소득으로 과세대상이고 후자는 그렇지 않습니다. 전자는 납입과 운용 시 세금을 내지 않았기 때문에 수령 시 소득세를 내야 하지만, 후자는 납입 시 이미 소득세를 냈기 때문에 이중과세를 방지하기 위한 것입니다.

종전에는 연금소득이 1,200만 원을 초과하는 경우 종합과세가 적용됐는데, 이제는 종합과세와 15% 분리과세 중에 선택할 수 있습니다. 연금계좌를 통한 연금소득자이면 국민연금이나 사적연금 또는 다른 소득이 있을 수 있는데, 이들과 합산할지 아니면 분리할지 유리한 쪽을 고를 수 있게 됩니다. 주민세 포함 16.5%의 분리과세가 적용된 이유는 납입 시 최대 세액공제율(16.5%)을 고려한 것으로 보입니다.

세알못 - 그렇다면 무엇이 유리할까요?

택스코디 - 연금소득이 1,200만 원 이하면 분리과세, 1200만~1400 만 원 이하면 종합과세, 1400만~5000만 원 이하이면 차이가 없습니 다. 5000만 원을 초과하면 분리과세가 유리합니다. 소득 구간에 따 라 이렇게 선택이 복잡한 이유는, 이번 세제개편에서 기존의 1200만 ~4600만 원 소득세 과세표준 구간을 1400만~5000만 원으로 확대 하면서 연금소득 1,200만 원은 그대로 뒀기 때문입니다. (일종의 실수 로 보입니다.)

이렇게 2023부터 적용되는 연금 세제 변화에 적극적으로 대응 할 필요가 있습니다. 연금수령 이전이라면, 저축 여력 범위 내에 서 늘어난 연간 한도까지 납입액을 채우도록 해야 합니다. 연금저 축계좌에 600만 원, 퇴직연금계좌에 300만 원씩 채워도 되고, 퇴 직연금계좌에 900만 원을 모두 채워도 됩니다. 일단 한도까지 채 운다고 생각하고 기존 또는 신규 계좌를 잘 활용합시다. 어떤 계 좌를 선택하든 운용 효율성을 최우선에 둡시다.

은퇴 후 연금을 수령하고 있다면, 본인의 연금계좌 소득과 다른 연금, 연금 이외 소득 등을 합산하여 어느 구간에 해당하는지, 정 확하게 파악하고 연금소득에 대한 분리과세 여부를 선택해야 합 니다. 더욱이 이들 소득으로 노후생활이 부족하다면 보유주택을 적극적으로 이용해야 합니다. 앞서 언급한 대로 주택 다운사이징, 연금계좌, 즉시연금, 주택연금 등을 종합적으로 활용하면 윤택한 노후를 즐길 수 있을 것입니다.

1회성 예금은
연말·연초 나눠서
절세하자

고공 행진하던 예금금리가 멈춰섰습니다. 하루라도 빨리 고금리 상품을 선점하려는 이른바 '예테크'족(族)의 발걸음이 분주하기도 했죠. 하지만 자칫 계획 없이 무작정 가입하면 '세금 폭탄'이나 '가입 제한'에 걸릴 수 있습니다.

가입 단계에서는 소위 '20일 감옥'을 조심해야 합니다. 예·적금 가입을 위해서는 해당 은행의 '수시입출금 통장'이 필요합니다. 한데 이 통장 개설 시 영업일 기준으로 20일 제한이 적용됩니다. 한 은행에서 통장을 만들면 사실상 한 달간 다른 은행에서 통장을 만들 수 없다는 말입니다. 자칫 발이 묶여 더 좋은 다음 상품을 놓치는 불상사가 발생할 수 있습니다. 다만 저축은행 상품은 저축은행중앙회의 'SB플러스톡톡' 앱 전용 계좌를 이용하면 20일 제한을 피할 수 있습니다. 이 통장을 열어 두면 모든 저축은행

상품에 제한 없이 가입할 수 있기 때문입니다.

금리가 올라 이자가 늘어난 만큼 금융종합소득 과세 여부도 주의해야 합니다. 예금 이자도 배당 등과 함께 금융소득에 포함됩니다. 금융소득은 2,000만 원 이하까지는 15.4%의 세율로 분리과세 되지만, 초과분은 다른 소득과 합산해 6.6~49.5%(지방세 포함)의 누진 소득세율을 적용받게 됩니다. 특히 세전 이자가 기준이라 6% 금리를 주는 상품에 예금 금액이 3억 원만 되어도 금융소득이 2,000만 원을 넘게 됩니다.

다른 소득이 있는 예금자라면 연봉을 고려해야 합니다. 연봉이 높을수록 소득세율이 높아지는데, 현행 기준상 최대 49.5%(지방세 포함) 세율이 부과될 수 있습니다. 예컨대 연봉이 1억 원인 사람이 연 3,000만 원의 금융소득을 벌었다면 2,000만 원은 15.4%의 세율로, 나머지 1,000만 원은 연봉 1억 원과 합산돼 38.5%(지방세 포함)의 높은 세율이 부과됩니다. 다만 예금 이외의 별도 소득이 없는 예금자라면 계산상 이자소득 7,720만 원까지는 배당소득세 (15.4%)와 세율이 같으므로 크게 걱정할 필요는 없습니다.

세알못 - 관련해서 절세 팁은 무엇인가요?

택스코디 – 가장 쉬운 절세 꿀팁은 '만기 분산'과 '명의 분산'입니다. 소득세는 1월 1일부터 12월 31일부터 연간으로 부과하는 걸 고려해 이자를 수령하는 만기를 연말과 연초로 나누면 2,000만 원 선을 피하거나 세금을 줄일 수 있습니다. 연말과 연초에 나눠 가입하거나, 만기조정이 가능한 상품에 가입하는 것입니다. 다만 해당 자금을 다시 재예치할 계획이라면 후년에는 세금을 피할 수 없습니다. 1회성 전략 혹은 찾은 돈을 예금이 아닌 다른 자산에 투자할 사람들에게만 유용한 전략입니다.

그리고 금융소득 종합과세는 개인별로 부과됩니다. 따라서 배우자 등 가족 구성원에게 자산을 분산하면 세금 부담을 줄일 수 있습니다. 증여 후 가족 명의로 예금에 가입해 이자를 받는 방법입니다. 배우자에게는 10년간 6억 원까지 증여세 공제를 받을 수 있습니다. 성인 자녀에게는 5,000만 원, 미성년 자녀에게는 2,000만 원까지 세금 없이 증여할 수 있습니다.

다만 이때 건강보험 피부양자 기준에 유의해야 합니다. 배우자와 예금 명의를 분산할 때 예금 이자 등이 합쳐져 소득이 2,000만 원을 넘어버리면 건강보험 피부양자 자격이 박탈될 수 있습니다. 또, 직장가입자도 월급 외 소득이 2,000만 원을 넘으면 추가 보험료를 부담하게 되는 것도 유의해야 합니다.

임대소득자를 누구로 하나?

많은 직장인이 퇴직 후 임대업을 꿈꿉니다. 상가나 사무실형 오피스텔을 분양받아 임대하기를 원한다면 먼저 임대소득자를 누구로 해야 할지 고민부터 해야 합니다. 부동산 임대소득이 종합소득에 해당하므로 다른 소득과 합산되어 과세가 되는데, 그러면 종전에 내던 세금과 차이가 생기기 때문입니다.

세알못 - 그럼 소득이 없는 배우자로 명의를 하면 어떨까요?

택스코디 - 소득이 없는 배우자 명의로 하면 누진세율 특성에 따라 세금이 줄어듭니다. 그럼 얼마나 줄어드는지 볼까요. (임대수익 2,000만 원이고 단순경비율 60%로 가정)

직장인 세테크의 기술

1. 배우자를 임대소득자로 하는 경우

- 소득금액 = 2,000만 원 × 60% = 1,200만 원
- 과세표준 = 1,200만 원 - 200만 원(기본공제+부녀자 추가공제)
= 1,000만 원
- 산출세액 = 1,000만 원 × 6% = 60만 원

2. 세알못 씨를 임대소득자로 하는 경우 (세알못 씨 한계세율은 15%로 가정)

- 산출세액 = 1,200만 원 × 15% (한계세율) = 180만 원

결과적으로 명의를 이전하지 않으면 세알못 씨 앞으로 지방소득세를 제외한 180만 원의 세금이 추가로 발생합니다. 반면 배우자 앞으로 이전하면 120만 원 정도의 세금이 줄어들게 됩니다. (단, 부동산 임대소득자에 대해 저역가입자로 건강보험료가 부과될 수 있으므로 사전에 이 부분까지 검토해야 합니다.)

세알못 - 그럼 상가는 제 명의로 하고 사업자등록만 배우자 명의로 해도 되나요?

택스코디 - 그렇지 않습니다. 일단 임대물건 소유자와 임대 명의자는 같아야 합니다. 따라서 상가 명의까지 배우자 앞으로 해야 합니다.

참고로 (소득이 없는) 배우자 명의로 하면 자금출처조사 대상자에 해당하는지도 따져야 합니다. 보통 40세 이하의 사람이 상가를 취득한 경우 계약서에 기재된 금액이 5천만 원이 넘으면 자금출처조사 대상이 됩니다.

세알못 -그렇다면 자금출처 입증을 하지 못하면 증여세가 과세되나요?

택스코디 - 그러므로 증여세 신고를 해야 합니다. 배우자 간 증여세는 6억 원이 넘어야 과세되므로 증여세는 부과되지 않습니다. 단 증여 취득세 4%는 부담해야 합니다. 따라서 명의 이전은 이런 비용을 고려해 종합적으로 알아봐야 합니다.

따라서 상가 보유 기간이 얼마나 될지 예상하고 그 기간 동안 현금 흐름을 예측해 봐야 합니다. 예를 들어 5년간 보유한다면 절세금액이 대략 600만 원(5년 × 120만 원)이 되며, 그러면 증여로 생긴 취득세 등으로 300만 원 정도를 지출한다고 해도 이익이 생기게 됩니다. 물론 세알못 씨의 근로소득이 더 늘어나면 절세 효과는 그만큼 커지겠죠.

직장인 세테크의 기술

세금·건보료
'폭탄' 걱정입니다

세알못 – 공직생활을 마치고 은퇴한 지 3년이 지났습니다. (월 200만 원의 공무원 연금수령 중) 지난해 보유 중이던 부동산을 매각해 6억 원의 여유자금이 생겨 자금 운용을 두고 고민입니다. 최근 금리가 올라 정기예금에 가입하려고 했지만, 금융소득이 2,000만 원을 초과하면 금융소득종합과세대상으로 세금을 많이 부담할 뿐만 아니라 건강보험료까지 올라간단 이야기를 들었기 때문입니다. 어떻게 대처해야 좋을까요?

택스코디 – 세금과 건강보험료 때문에 최근 은퇴자들이 고민에 빠지고 있습니다. 고금리 예금 상품에 가입해 이자소득이 많이 발생하는 것은 좋은 일이나, 자칫 잘못하면 받은 이자보다 많은 금액을 세금과 건강보험료로 내야 할 수 있습니다.

모든 투자나 상품 운용은 투자 운용소득으로 인해 발생한 각종 비용을 제한 후 수익을 보고 결정해야 합니다. 그럼 금융소득이 세금과 지역가입자 건강보험료에 어떤 영향을 미치는지 확인한 후 어떠한 선택을 해야 하는지 살펴봅시다.

일반적으로 금융소득이 발생하면 소득의 15.4%(지방소득세 포함)를 원천징수해 과세문제가 종료됩니다. 하지만 금융소득이 연간 2,000만 원을 초과하는 경우엔 다음 해 5월 타 종합소득과 합산해 신고해야 합니다. 타 종합소득이 많은 경우 누진세율(6~45%)을 적용하는 소득세 특성상 세 부담이 늘어날 수밖에 없습니다. 반대로 타 종합소득이 없거나 적다면 세금 부담이 크지 않을 수도 있습니다. (금융소득종합과세 대상이라 하더라도 과세표준 계산 특성상 종합소득세율을 적용받는 금액은 2000만 원을 초과하는 부분만 해당하기 때문에 생각보다 세금 부담이 크지 않을 수 있습니다.)

다음으로 금융소득이 연간 1,000만 원을 초과하는 경우 건강보험료를 산정하는 소득에 반영되기 시작합니다. 만약 연간 발생 금액이 1,000만 원 이하이면 보험료 산정 시 0원으로 반영이 되지만, 1,000만 원을 초과하게 된다면 전액이 반영됩니다. 요율은 2023년 기준 7.09%(장기요양보험료 0.9082% 별도)로 계산됩니다. 만약 연간 금융소득이 1,500만 원 발생했다면 건강보험료를 기존에 발생하는 보험료에 연 기준으로 약 106만 원 정도 추가 부담해야 합니다.

이제 가입금액 조절을 통해 세금과 건강보험료가 얼마나 나오는지 계산해 봅시다. 6억 원의 여유자금 중 자금 전액 가입할 때 (사례 1), 세금이 부담스러워 금융소득종합과세만을 피하고자 할 때(사례 2), 두 비용이 모두 부담스러워 둘 다 피하고자 할 때(사례 3)로 나눠 가입금액을 환산해봅시다. 연 4%의 1년짜리 정기예금에 가입한다고 가정했을 때, 가입금액에 따른 세금, 건보료, 비용 부담 후 순수익을 정리하면 다음과 같습니다.

구분	사례 1	사례 2	사례 3
가입금액	6억 원	5억 원	2억 5천만 원
이자소득	2,400만 원	2천만 원	1천만 원
발생 세금	3,736,000원	308만 원	154만 원
추가발생 건보료	1,701,000원	1,418,000원	0원
순이익	18,563,000원	15,502,000원	846만 원
순이익률	3.08%	3.10%	3.38%

계산 결과 여유자금을 활용할 때 가입금액에 따라 사례 3-2-1 순으로 순이익률이 좋은 것을 볼 수 있습니다. 가능한 이자소득으로 인해 발생하는 모든 비용을 최소로 줄일 때 자금의 활용 효과 자체는 이론대로 비용을 회피하는 것이 좋습니다.

그러나 결과적으로 주머니에 남게 되는 금액인 순이익 자체는 사례 1-2-3 순으로 높습니다. 이유는 단순합니다. 모든 세금과 건강보험료는 소득 이상으로 부과되지 않기 때문입니다. 금융소득 종합과세에 해당하거나 금융소득이 1,000만 원을 초과해 건강보험료 소득에 반영이 된다 하더라도 결국 여유자금이 허락한다면 최대한 높은 금리의 상품에 가입하는 것이 합리적인 선택입니다.

세알못 - 다른 주의해야 할 점은 없나요?

택스코디 - 사례처럼 여유자금을 최대한 활용하는 것이 일반적으로 합리적인 선택이 되지만, 일부 아닐 때도 있습니다.

첫 번째로 여유자금을 최대한 활용해 정기예금에 가입했을 때 이자소득이 연간 1,000만 원 근처인 경우입니다. 이 경우 조금만 조절해 이자소득을 1,000만 원 아래로 조절한다면 소득 반영을 0원으로 만들 수 있으므로 유리할 수 있습니다. 단순 계산해 본인이 연이자소득이 1,000만 원 이상 약 1,090만 원 이하 구간으로 예상된다면 오히려 1,000만 원을 넘기지 않는 것이 건강보험료를 차감한 순이익 측면에서 더 높을 수 있습니다.

두 번째로는 금융소득이 없을 때, 피부양자 등록이 가능한 경우입니다. 물론 이 경우도 마찬가지로 여유자금으로 발생시킬 수 있는 이자소득이 1,000만 원 근처 구간이면 금액을 일부 낮춰야 유

직장인 세테크의 기술

리해집니다. 피부양자로 등록이 되면 지역가입자로 부담하던 재산소득에 대한 건강보험료 부담이 함께 없어지므로 효과가 크기 때문입니다.

단지 순서만 바꿨을 뿐인데

세알못 - 15년 전 빌딩을 상속받았었는데, 시세가 충분히 상승해 매각을 계획했습니다. 하지만 10억 원대의 양도세 부담에 고민하다 절세를 위해 자녀에게 미리 증여하기로 했습니다.

택스코디 - 집이 아닌 부동산에 적용되는 양도소득세 최고 세율은 49.5%입니다. 양도차익에 따라 기본세율 6~45%가 적용되고 지방소득세 10%가 추가되기 때문입니다. 하지만 증여세율은 1억 원 이하는 10%, 5억 원 이하는 20%, 10억 원 이하는 30%입니다. 결론부터 말하자면 증여를 통해 양도하는 경우 세액을 줄일 수 있단 얘기입니다. 유의할 점도 있습니다. 양도소득세 절세를 위한 사전 증여는 이월과세 규정에 따라 2023년부터 증여 후 10년 이상 보유한 뒤 양도해야 양도세 절세 실익을 얻을 수 있습니다.

꼬마빌딩을 제3자에게 양도하고 해당 자금을 자녀에게 증여하는 경우와 증여 후 양도하는 순서만 바꿔도 세금을 줄일 수 있습

직장인 세테크의 기술

니다. 최적의 절세 효과를 얻기 위해서는 증여가액과 지분비율 설정 등이 추가로 고려돼야 합니다.

꼬마빌딩 증여 시 발생하는 증여세와 취득세는 감정평가를 받아 진행하는 것과 감정평가를 받지 않고 기준시가로 진행하는 방법 2가지가 있습니다.

〈사례〉
- 15년 전 10억 원에 꼬마빌딩 상속 받음
- 현재 기준시가 : 15억 원
- 현재 감정평가액 : 25억 원 또는 30억 원
- 자녀부부 4명에게 25%씩 증여
- 10년 뒤 예상양도가액 : 40억 원

꼬마빌딩을 양도 후 세후 금액을 자녀세대에 증여하는 경우와 사전에 먼저 자녀세대에 증여 후 양도하는 경우의 세액을 비교하면 다음과 같습니다.

먼저 감정평가 금액 25억 원으로 증여했을 경우입니다. 부모가 보유하고 있는 상태에서 40억 원에 제 3자에게 양도 시 발생하는 양도소득세는 약 9억7,000만 원입니다. 양도소득세를 납부 후 남은 약 30억 원을 자녀세대에게 증여한다면 증여세는 약 6억

2,000만 원 발생합니다.

　만약 양도와 증여의 순서를 변경해서 꼬마빌딩을 자녀세대에게 먼저 평가액으로 증여하고 10년 보유한 뒤 자녀세대가 40억 원에 제 3자에게 양도한다면 발생하는 총세액은 약 9억4,000만 원입니다. 순서만 변경했는데 약 6억 5,000만 원의 총세액을 절세할 수 있습니다. 또 사위·며느리가 보유하고 있는 지분은 소득세법상 이월과세가 적용되지 않으므로 10년을 보유하지 않지 않더라도 절세의 실익을 누릴 수 있습니다.

감정평가액 증여 (25억 원)		
세목	건물양도 후 자금증여	건물증여 후 건물양도
증여세	약 6억 2천만 원	약 4억 6천만 원
취득세	0원	약 1억 원
양도세	약 9억 7천만 원	약 3억 8천만 원
합계세액	약 15억 9천만 원	약 9억 4천만 원
절세액	약 6억 5천만 원	

　감정평가 금액을 30억 원으로 했을 때 절세되는 금액은 더 커집니다. 주의할 점은 무조건 감정평가액을 높이는 것이 유리해지는 것이 아니므로 가능한 범위 내에서 가장 유리한 적정한 감정평가 가액을 정하는 것이 중요합니다.

감정평가액 증여 (30억 원)		
세목	건물양도 후 자금증여	건물증여 후 건물양도
증여세	약 6억 2천만 원	약 6억 5백만 원
취득세	0원	약 1억 2천만 원
양도세	약 9억 7천만 원	약 2억 원
합계세액	약 15억 9천만 원	약 9억 2천 5백만 원
절세액	약 6억 6천 5백만 원	

다음으로 기준시가로 증여하면 절세액이 줄어듭니다. 당장 발생하는 증여세와 취득세의 부담을 줄일 수 있지만, 꼬마빌딩을 증여하는 경우 평가심의위원회의 대상이 될 수 있으므로 세금 추징에 대한 충분한 검토가 필요합니다.

기준시가 증여 (15억 원)		
세목	건물양도 후 자금증여	건물증여 후 건물양도
증여세	약 6억 2천만 원	약 2억 3천만 원
취득세	0원	약 6천만 원
양도세	약 9억 7천만 원	약 7억 4천만 원
합계세액	약 15억 9천만 원	약 10억 3천만 원
절세액	약 5억 6천만 원	

알아두면
잘난 척하기 좋은
세금 상식

아니, 상속받지도 않았는데

서로의 모든 것을 가족이라고 해서 다 알지는 못합니다. 특히 재산이나 돈의 흐름은 부모자식 간에도 구체적으로 공유하지 않고, 서로 모르는 경우가 태반이죠. 이에 따라 갑작스럽게 가족의 사망으로 상속이 발생하면 상속재산이나 채무 관계를 찾는데, 애를 먹는 경우도 발생합니다.

정부가 운영하는 '안심상속 원스톱서비스'나 금융감독원의 '상속인 금융거래조회서비스'에서 대부분 재산과 채무 내역을 확인할 수 있지만, 피상속인 (사망인)이 생전에 사적으로 거래한 내역까지 구체적으로 보여주지는 못합니다. 문제는 출처나 사용처를 알 수 없는 피상속인의 사적인 거래나 채무가 상속재산으로 구분될 수 있다는 점에 있습니다. 상속인들도 모르는 상속재산이 상속인에게 세금 부담을 안겨줄 수 있다는 소리입니다.

세알못 - 그런 경우가 있군요. 구체적으로 어떻게 되는 거죠?

택스코디 - 피상속인이 상속개시일, 즉 사망 이전에 재산을 처분했거나 예금을 인출, 또는 채무를 부담했는데, 그 사용처가 객관적으로 명백하지 않으면 상속인이 상속받은 재산으로 보는 규정이 있습니다. 바로 추정상속재산입니다.

예를 들어 아버지가 돌아가시기 전 1~2년 이내에 거액의 현금을 찾았는데, 어디에 썼는지 사용 내역을 찾을 수 없다면, 상속인이 상속받은 것으로 보고 상속재산에 포함해서 상속세를 계산합니다.

이렇게 추정상속재산이 될 수 있는 경우는 기간과 금액에 따라 크게 두 가지로 구분됩니다. 상속개시일 전 1년 이내에 재산을 처분해 받거나 인출하는 등의 금액이 2억 원이 넘는 경우, 그리고 상속개시일 전 2년 이내에 재산을 처분해 받거나 인출하는 등의 금액이 5억 원 이상인 경우입니다.

각각은 현금 · 예금 · 유가증권과 부동산 · 부동산권리, 기타재산의 세 가지 재산 종류별로 구분해서 각각 금액을 산출합니다. 예를 들어 사망 전 1년 이내에 현금으로 1억 원을 인출 했고, 2년 이내에 9억 원에 부동산을 처분했다면, 추정상속재산은 9억 원에 대해서만 계산합니다. 현금은 1년 이내 2억 원이라는 추정상속재산 기준에 못 미치기 때문입니다.

상속재산에 가산하는 추정상속재산

재산 처분·인출	상속개시일 전 1년 이내 2억 원 이상의 처분·인출
	상속개시일 전 2년 이내 5억 원 이상의 처분·인출
채무부담	상속개시일 전 1년 이내 발생한 2억 원 이상의 채무
	상속개시일 전 2년 이내 발생한 5억 원 이상의 채무

이를 뒤집어 보면, 출처 모를 자금흐름에 대해서도 안심할 수 있는 기준점으로 삼을 수 있습니다. 만약 사용처를 확인할 방법이 없는 재산이 추정상속재산 판단 기준 이하의 금액이라면 굳이 국세청에 사용처를 소명할 필요도 없고, 상속재산으로 보지도 않기 때문입니다.

정리하면 1년 이내 2억 원, 2년 이내 5억 원 이하의 현금인출액은 상속인들이 애써 사용처를 소명할 필요가 없는 것입니다.

구체적으로 추정상속재산 가액을 계산하는 방법은 따로 있습니다. 처분액 전체의 20%나 2억 원 중 적은 금액을 사용처를 소명할 수 없는 금액에서 뺀 만큼이 추정상속재산액이 됩니다.

• 추정상속재산 = 미입증금액 − (불분명가액 × 20% 또는 2억 원)

만약 1년 이내 2억 원, 2년 이내 5억 원 모두에 해당하는 경우에는 각각의 기준에서 추정상속재산을 계산한 후, 둘 중 적은 금액을 추정상속재산으로 봅니다.

이런 기준을 활용해서 사망하기 전에 상속인들이 피상속인과 함께 계획적으로 현금을 인출 하거나 재산을 처분한 때에도 사용처는 확실해야 합니다. 사용처를 소명하지 못하면, 사전에 상속인들에게 증여한 것으로 보고 증여세를 부과하고, 또 그 기간이 상속개시일 전 10년 이내였다면 상속재산에 가산해서 상속세를 매깁니다.

추정상속재산 판단 기준 이하로 인출 하면 과세대상이 아니라는 내용을 듣고, 피상속인 계좌에서 2억 원 미만으로 현금을 인출 하는 경우가 많은데, 이때 2억 원의 기준은 계좌에서 카드사용대금, 생활비 등으로 출금되는 모든 인출액이 포함되는 것이므로 주의해야 합니다. 또 현금 출금액을 상속인들 계좌에 입금하거나 상속인 명의 재산을 취득하기 위해 사용하면 증여세가 부과될 수 있습니다.

20년 넘게 같이 산
배우자인데

'법률혼'이란 결혼의 실질적, 형식적 요건을 모두 갖추어 민법에 따라 혼인신고까지 마치고 법률상 부부관계를 인정받는 것을 말합니다. 반면, 법률혼과 같이 실질적인 부부공동생활을 하지만, 형식적으로 혼인신고를 하지 않는 상태를 '사실혼'이라고 합니다. '동거'라는 개념도 있는데 이는 혼인의 의사 없이 같이 생활하는 것을 의미합니다. 공식적인 통계는 없지만, 우리나라에서도 결혼 제도에 얽매이지 않고 사실혼이나 동거 관계가 늘어나는 것으로 추정됩니다.

사실혼은 혼인신고라는 형식적 요건만 제외하고 당사자 간 혼인의 의사가 있고, 객관적으로도 사회관념 상 가족 질서적인 면에서 부부공동생활을 인정할 만한 혼인 생활의 실체가 있는 상태입니다. 우리나라는 중혼을 금지하고 있으므로 법률혼 부부가 별거하고 있는 상태에서 그 다른 한쪽이 제3자와 혼인의 의사로 실질적으로 부부생활을 하고 있다고 하더라도, 특별한 사정이 없다면 이를 사실혼으로 인정해서 법률혼에 준하는 보호를 할 수는 없습니다 (대법원 2001. 4. 13. 선고 2000다52943 판결). 즉, 법률혼 상태에서 타인과의 부부생활은 사실혼으로 인정받지 못하며, 동거나 불륜으로 취급되는 것입니다.

부산에 사는 70대 남성 A 씨는 30년 전 부인과 사별 후 B 씨를 만나 20년째 동거 중입니다. 둘 사이는 아이가 없어 혼인신고도 하지 않았지만, 사실상 배우자나 다름없는 사실혼 관계입니다. A 씨는 본인 명의로 집이 두 채 있는데, 시간이 더 지나기 전에 B 씨에게 집 한 채를 증여하고 싶어 최근 세무사무소를 찾았습니다. 실거래가 3억의 집을 증여하려고 알아봤더니 사실혼 상태에서는 세금만 수천만 원에 이른다는 사실을 듣고 망설이고 있습니다. 혼인신고도 고민하고 있지만, 자식들의 반대가 만만치 않은 상황입니다.

전통적인 가족에 대한 개념이 바뀌고, 최근 이혼도 많이 늘어나면서 혼인신고를 하지 않은 채 사실혼 관계로 부부관계를 이어나가는 가정이 늘고 있습니다. 이에 따라 B 씨와 같이 사실혼 관계에 있는 자에 대한 과세체계의 적용 여부가 인터넷 부동산 커뮤니티의 단골 소재가 되고 있습니다.

결론부터 말하자면 사실혼 배우자는 혼인신고를 하지 않았다는 이유만으로 법률혼 배우자와 비교해 세법 측면에서 큰 차별을 받습니다. 상속세 및 증여세법은 사실혼 관계를 배우자로 인정하지 않으며, 민법상 혼인 관계에 있는 자만 배우자로 보고 있기 때문입니다.

사실혼 관계에 있는 배우자에게 증여하면 증여재산공제 (10년 이내 증여금액 합산 6억 원까지 공제)가 적용되지 않아 증여하는 재산가액에 대해 증여세가 부과됩니다. 즉 법률상 배우자에게는 6억 원까지 세금을 내지 않고 증여할 수 있지만, 사실혼 배우자는 타인에게 증여하는 것과 똑같은 셈입니다.

위 사례에서 B 씨가 3억 원의 아파트를 증여받으면 증여세 과표에 따라 1억 원까지는 10%, 나머지 2억 원에 대해서는 20%의 증여세를 내야 합니다. 즉 B 씨는 법률혼일 경우 내지 않아도 되는 5,000만 원을 사실혼일 때는 내야 합니다. 여기에 취득세 3.5%까지 더하면 약 6,000여만 원의 세금을 내야 합니다.

최근 들어 나이를 불문하고 사실혼 관계가 늘어나며 관련 재산

분할 소송 또는 위자료 청구 소송에 대한 문의가 늘고 있습니다. 다만 사실혼 관계에서 증여하는 경우에는 법률상 배우자와 같은 세제 혜택을 받지 못하는 만큼 주의가 필요합니다.

현행 세법 규정은 사실혼 관계에 대해 한편으로는 민법을 준용하여 법률혼 배우자에게만 배우자 증여재산공제를 허용하거나, 1세대 판정이나 직계존속의 범위에서 사실혼 배우자를 제외하는 등 형식을 중시하고, 다른 한편으로는 판례를 준용하여 재산분할이나 위자료에 대해 증여세를 부과하지 않는 등 세법 적용에 난해한 판단을 요구하고 있는 것이 사실입니다.

참고로 세법은 조세법률주의, 그중에서도 '과세요건 명확주의'가 필수적입니다. 법적 안정성과 납세자의 예측 가능성이 중요하기 때문입니다. 혼인신고를 못 하는 여러 가지 사유가 있겠지만 사실혼은 이미 우리 사회에 혼인 생활의 하나로 자리 잡고 있다는 현실을 인식하고 세법에서도 명확한 원칙을 바탕으로 관련 규정을 정비할 필요가 있습니다.

직장인 세테크의 기술

월드컵 국가대표들은
개인사업자다?

월드클래스 손흥민 선수는 잉글랜드 프리미어리그에서 연봉만 1,000만 파운드, 우리나라 돈으로 약 160억 원을 받고 있습니다. 같은 리그의 황희찬 선수도 약 55억 원, 이탈리아에서 뛰는 김민재 선수는 34억 원을 받습니다.

국내 프로축구팀에서 뛰면서 국가대표에 차출된 선수들 역시 소득이 적지 않습니다. 울산 현대 김영권 선수가 14억 원, 같은 팀의 조현우 선수도 12억4,000만 원의 연봉을 받고 있습니다.

돈이 있는 곳에는 세금이 있는 법. 이렇게 고액의 연봉을 받는 선수들은 세금도 많고 복잡합니다.

국가대표 선수 중 국내 프로축구팀에 소속돼 있는 이른바 '국내파' 선수들을 위주로 보면, 각각의 선수는 개인사업자와 마찬가지로 구분됩니다. 소속팀이 있어도 월급을 받는 근로소득자가 아니라 몸으로 인적용역을 제공하고 사업소득을 받는 '사업자'입니다.

실제로 사업자등록을 한 선수들도 있지만, 대부분은 프리랜서와 같은 소득자로 법적인 업종구분은 인적용역 사업자 중 '직업운동가'로 구분됩니다. 따라서 직업운동가가 월드컵과 같은 국제대회에서 받는 상금 역시 사업소득입니다. 또 선수들은 구단과 계약을 통해 연봉을 받고, 스폰서로부터 스폰서십 소득과 광고를 통한 모델료를 받기도 합니다.

사업소득을 받을 때는 소득세법에 따라 3.3%를 원천징수하고 나머지를 받는데, 다음 해 종합소득세 신고 때 각종 비용을 차감한 후에 소득세를 정산해서 내야 합니다. 일반 사업자들처럼 소득공제 후에 소득세율을 곱하면 소득세가 계산되는데, 이미 원천징수로 떼인 3.3% 세금과 각종 세액공제를 제외하면 실제 내야 할 세금이 계산됩니다.

종합소득세는 5월에 신고납부하지만 연봉을 포함해서 5억 원이 넘는 소득을 올리는 선수는 그렇지 않은 선수보다 깐깐한 서류가 필요한 '성실신고대상자'로 분류됩니다. 신고납부기한도 6월 말까지입니다.

선수들이 소득세 신고에서 가장 신경 써야 할 부분은 수입보다는 지출입니다. 국세청의 관심 역시 지출되는 비용에 있습니다. 일반적으로 국내 프로팀에 뛰는 선수들은 연봉과 스폰서십, 광고료 등이 모두 국세청의 시스템으로 확인 가능하기 때문입니다. 매출을 누락 하기 어려운 구조입니다. 이에 따라 선수들은 프로선수로서 활동하기 위해 사용된 '비용'을 최대한 현실에 맞게 공제받는 것이 중요합니다. 그런데 선수들의 비용은 사실판단을 요하는 상황이 많습니다. 선수들은 몸이 곧 자산이기 때문에 자신의 가치를 유지하고 상승시키는데 들어가는 비용이 유난히 많은데, 식사나 체력보강의 종류와 규모가 일반인들과는 크게 달라서 종종 세금 문제가 발생하기도 합니다. 기본적으로는 운동선수로서 식비와 체력단련비, 보약값도 비용처리할 수 있고, 구단의 공식 지원 외에 개인적으로 트레이너를 썼더라도 비용처리가 가능합니다.

하지만 국세청은 그 비용의 적정성을 선수들이 생각하는 것보다 훨씬 더 꼼꼼하게 따집니다. 선수 본인이 쓴 비용과 가족이나 소속사에서 쓴 비용이 실제 선수 본인의 경기력 향상을 위해 사용된 것인지를 세세하게 들여다보는 것입니다. 또 선수들이 운동에만 전념할 수 있도록 가족들이 선수의 업무를 봐주고, 대가를 지급하는 일들이 많은데, 이 경우 과세관청은 선수들의 경기력 향상을 위한 비용으로 보기보다는 가족 간 증여로 보려는 경향이 큽니다. 따라서 과세당국과 다툼을 예방하기 위해서는 지급 근거들을 명확하게 준비해둬야 합니다.

상가를 임대하다가 양도할 때, 어떤 세금이 부과되나?

직장 생활을 어느 정도 한 직장인이라면, 재테크 수단으로 가장 먼저 부동산 양도차익이나 임대소득을 떠올릴 것입니다. 성공적인 투자를 하게 되면 양도차익이나 임대소득으로 여유롭게 살 수 있지만, 이런 소득은 상당한 정보가 필요하고 사고파는 타이밍을 잘 맞춰야 합니다. 게다가 막대한 투자 자금이 필요해서 쉽게 도전하기도 어려운 일입니다.

임대용 물건을 사는 시점은 주로 직장을 은퇴하고 난 이후입니다. 평범한 직장인들은 주택이나 오피스텔 등 투자액이 비교적 적게 소요되는 투자 대상을 찾을 것이고, 자금 여력이 있는 기업이나 넉넉한 개인은 집단상가 (쇼핑몰)나 큰 빌딩을 통째 매입해 리모델링한 다음 되팔거나 임대사업에 이용할 수 있을 것입니다.

세알못 - 그럼 상가나 사무실 등을 임대하다가 양도할 때는 어떤 세금이 부과되나요?

택스코디 - 먼저 상가 건물에 대해서는 무조건 양도소득세가 부과됩니다. 모든 부동산은 실거래가로 양도소득세를 신고해야 합니다.

또 상가 건물에 대해서는 부가가치세도 부과됩니다. 과세기준은 실거래가액 중에서 건물분에 대해서만 10%를 과세합니다. 토지공급분에 대해서는 부가가치세가 부과되지 않습니다. 실무적으로 매매계약을 체결할 때, 이런 부가가치세 문제를 놓쳐 분쟁거리를 만드는 경우도 종종 있습니다. 따라서 매매계약을 체결할 때는 부가가치세가 얼마인지 확실히 알아보고 누가 부담할 것인지도 명확히 안 다음 계약해야 합니다. 만일 부가가치세 없이 거래하고 싶다면 포괄 양수도 계약을 체결하면 됩니다.

세알못 - 포괄 양수도 계약은 무엇인가요?

택스코디 - 포괄 양수도 계약은 사업에 관한 모든 권리와 의무를 매수자에게 넘기는 계약을 말합니다. 계약서에 특약으로 정할 수 있으나 세부적으로 지켜야 할 것들이 있으니 유의합시다.

세알못 - 상가를 분양받았습니다. 분양하는 측에서 부가가치세 환급을 받으려면 사업자등록을 해야 한다고 합니다. 꼭 해야 하나요?

택스코디 - 상가 건물에는 부가가치세가 포함돼 있습니다. 계약 시점에 상가를 임대하는 경우라면 부가가치세를 환급받기 위해 임대사업자로 사업자등록 (일반과세자)을 해야 합니다.
사업자등록을 하지 않는 경우도 종종 있지만, 그렇게 되면 부가가치세를 환급받을 수도 없고 나중에 임대사업을 하고 있다는 사실이 밝혀지면 그동안 밀렸던 세금을 모두 한꺼번에 내야 합니다.

예를 들어 1억 원짜리 상가를 분양받거나 매입하면 그중 건물분에 해당하는 금액에 대해서는 부가가치세 10%가 부과됩니다. 1억 원짜리 상가에서 건물 가치가 차지하는 비중이 50%라면 대략 1억 원의 50%인 5천만 원의 10%에 해당하는 500만 원이 부가가치세로 부과된다는 것입니다.

세알못 - 그럼 이 부가가치세 500만 원을 다시 돌려받으려면 어떻게 해야 하나요?

택스코디 - 먼저 사업자등록을 해야 합니다. (사업자등록 신청을 할 때는 간이과세사업자가 아닌 일반과세사업자로 등록해야 환급을 받을 수 있습니다.)

사업자등록 신청은 임대용 부동산 소재지에 있는 관할 세무서에서 할 수 있습니다. 신청 서류는 그곳에 비치되어 있으며 분양 계약서 사본 1부, 임대소득자의 도장, 신분증 등이 필요합니다.

사업자등록을 제때 (법정 과세기간 종료일 20일 안이 원칙) 하는 것을 놓쳐 늦게 하면 부가가치세를 환급받을 수 없다는 사실에 주의해야 합니다. 따라서 분양 계약을 체결하자마자 곧바로 사업자등록을 신청해야 합니다. (다만 병원, 의원, 학원 등 면세 업종은 환급이 되지 않습니다. 또 간이과세자로 사업자등록을 해도 환급을 받을 수 없습니다.)

경정청구, 혼자 할 수 있나?

대부분 직장인은 매년 1월 15일 국세청에서 제공하는 '연말정산 간소화 서비스'를 통해 연말정산을 진행합니다. 연말정산 간소화 서비스에는 내가 한 해 동안 지출한 신용카드비, 의료비, 교육비, 보험료 등 각종 지출 내역이 잘 정리되어 있으므로 별다른 수고를 들이지 않아도 손쉽게 연말정산을 할 수 있습니다. 하지만 간소화 서비스만 믿었다가는 세금을 덜 환급받는 일이 발생할 수 있습니다.

세알못 - 뒤늦게 발견한 기부금과 의료비, 교육비 등의 영수증을 다시 제출하고 싶지만, 이미 연말정산이 끝났다면 어떻게 해야 하나요?

택스코디 - 바로잡을 방법이 있습니다. '경정청구'를 이용하면 연말정산을 하지 못했다거나 빠뜨린 영수증이 있더라도 세금을 돌려받을 수 있습니다.

민감한 개인정보일 수 있는 월세 내역, 병을 앓거나 장애가 있는 부양가족 유무, 난임시술비 등은 회사에 제출하기보다 나중에 자신이 챙기는 게 나을 수 있습니다.

세알못 - 경정청구, 혼자 할 수 있나요?

택스코디 - 경정청구라는 단어는 세법에선 흔하게 쓰이지만, 일반인에겐 다소 생소합니다. 경정청구는 쉽게 말해 제출했던 세금신고서를 바로 잡는 것으로 생각하면 됩니다.

경정청구는 회사에서 대신해주는 방법과 직장인 본인이 직접 하는 방법이 있는데, 대다수 직장인이라면 회사에 요청하기 부담스러워 직접 해야 하는 경우가 많을 것입니다.

경정청구를 하고 싶으면 홈택스에 접속해 로그인부터 해야 합니다. 그리고 상단에 '신고/납부' 탭을 클릭해 '종합소득세'를 선택하면 '근로소득자 신고서' 메뉴가 있는데 여기서 '경정청구 작성'을 클릭하면 됩니다.

이때 원하는 연도를 선택해야 하는데, 지금은 2017~2021 귀속연도에 대해서만 경정청구가 가능합니다. 경정청구는 말 그대로

직장인 세테크의 기술

세금을 신고한 후 정정하는 것인데, 현재 2022 귀속연도 연말정산이 진행 중이기 때문에 이에 대한 경정청구는 불가능합니다.

세알못 - 그럼 2022 귀속연도 경정청구는 언제 가능한가요?

택스코디 - 2022 귀속연도에 대한 경정청구는 2023년 5월 종합소득세 기간이 지나면 가능합니다.

원하는 귀속연도를 선택하면 '소득·세액공제 명세서 및 부속서류 조회' 화면이 나오고 회사에서 제출한 근로자의 지급명세서와 부속서류 등을 조회할 수 있습니다. 여기서 인적공제, 보험료 공제, 의료비 공제 등 각종 공제항목을 수정할 수 있는데, 수정할 부분을 작성해 신고서 제출하기를 누르면 경정청구가 완료됩니다.

다만 결정세액이 없다면 돌려받을 세금이 없어서 경정청구 작성 자체가 불가능합니다. 연말정산은 내가 냈던 세금을 돌려받는 과정으로, 애초에 모든 세금을 돌려받았다면 지난해 공제를 받지 못했더라도 추가로 돌려받을 수 있는 세금이 없다는 뜻입니다.

만약 세금 환급을 바로 받고 싶다면 오는 5월 종합소득세 신고 기간을 이용하면 됩니다. 과정은 경정청구와 비슷합니다. 제출 서류로는 종합소득세 과세표준 확정신고서 및 자진납부계산서, 근로소득원천징수 영수증과 소득·세액공제신고서, 의료비나 교육비, 신용카드 사용액 등의 관련 증명서류 등 자신이 연말정산에서 빼먹은 자료들입니다.

홈택스에 접속하면 회사에서 국세청에 제출한 지급명세서를 확인할 수 있습니다. 이를 클릭해 자료를 내려받은 뒤 소득·세액공제 자료를 조회하고 내려받으면 됩니다.

그 뒤 종합소득세 신고를 클릭한 뒤 경정청구 작성 옆에 있는 근로소득자 신고서 메뉴의 '정기신고'를 클릭합니다. 기본정보를 입력하고 근무처별 소득명세를 클릭한 뒤 관련 내용을 확인하면 됩니다. 근로소득신고서를 확인해 수정사항이 있으면 입력·수정하기를 클릭한 뒤 인적공제나 보험료 공제, 기타 공제 등 해당 사항을 입력하고 환급받을 계좌를 입력한 뒤 신고서를 제출하면 연말정산이 끝납니다.

대표적인 절세계좌는
무엇인가?

"절세전략은 절대 단순하지 않습니다. 단편적으로 접한 사례를 그저 따라만 했다가는 자신의 상황과 맞지 않을 때, 오히려 후회할 수가 있습니다."

다른 사람이 절세에 성공한 사례를 무작정 자신에게 적용하는 것은 지양해야 합니다. 부동산을 예를 들면 2023년부터 특수관계자 간 증여주택에 대한 양도소득세 이월과세 적용 기간이 5년에서 10년으로 늘어났습니다. 2022년 안에 증여했다면 증여받은 가족이 2028년까지만 양도계획을 미루면 되지만, 2023년 1월 1일 이후에 증여한다면 2033년까지는 양도하기가 부담스러운 상황이될 수 있습니다. 그러므로 부동산을 증여할 의사가 있는 사람이라면 2022년 까지 증여를 서둘러야 했습니다.

절세전략은 절대 단순하지 않습니다. 남들이 이렇게 해서 세금을 아꼈다더라'라는 말만 듣고 무작정 따라 하면 세금 폭탄을 맞을 수 있으므로 자신의 상황에 맞는 절세 계획을 짜는 것이 무엇보다 중요합니다.

절세를 위한 첫걸음은 나에게 발생하는 소득이 어떤 종류인지를 알아야 합니다. 소득이 발생한다면 그 소득이 세법상 어느 종류에 들어가는지 알고 그 이후에 과세가 되는 기준, 세금을 줄일 수 있는 공제로 자연스럽게 궁금증이 이어지다 보면 알아가게 되고, 자연스럽게 절세가 되는 것입니다.

또 절세팁을 자꾸 찾으려고 하기보다는 절세습관을 기르는 것이 중요합니다. 내 소득부터 챙겨나가다 보면 자연스럽게 세금에 대한 혜택까지 찾아보게 되고 그러다 보면 절세를 하는 상황이 이미 돼 있을 것입니다.

최근 투자자들은 이미 세금에 대한 정보를 많이 알고 있습니다. 뉴스는 물론이고 유튜브, 단톡방 등 다양한 채널을 통해 원하는 세무 정보를 손쉽게 접근 가능한 시대에 살고 있어서입니다. 과거에는 본인의 소득을 기반으로 한 소득세에만 집중하는 모습을 보였다면 최근에는 재산의 전반적인 영역으로 세금 내용을 확대해서 보고 싶어 합니다. 특히 증여에 관심이 상당히 높아졌습니다.

성공적인 상속과 증여를 위해서는 상속에서의 공제 규모를 활용하면서 현시점에서 가장 저평가된 재산을 다수의 수증자에게 분산 증여해 절세 효과를 극대화하는 것이 좋습니다.

많은 사람이 절세라고 하면 고액 자산가들에 특화된 전략이 있을 것이라고 생각하지만, 오히려 세금과 관련해서는 모두가 평등합니다. 오픈된 정보가 너무 많아서 오히려 거기서 자기한테 맞는 정보를 못 찾다 보니 절세에 대해 오해하고 있는 것 같습니다.

최근 가장 핫한 관심사는 금융투자 소득세입니다. 2023년부터는 주식·채권·펀드 등 금융투자상품을 환매·양도할 때 발생하는 소득을 금융투자소득으로 묶어 통합 과세하기로 했습니다.

금융투자 소득세는 금융거래하는 국민이라면 모두가 해당 제도에 반드시 노출되게 돼 있습니다. 자신의 투자전략에 영향을 미치는 법 개정이나 새로운 규정이 나오면 법이 확정될 때까지 눈여겨봐야 합니다.

관련 법은 2020년 12월 29일 신설돼 유예 기간을 거쳐 2023년부터 시행될 예정이었습니다. 하지만 현 정부에 들어서면서 글로벌 정세나 대내외 여건상 아직 새로운 세법을 받아들일 체력이 안 됐다고 판단해 2025년까지 다시 2년 유예가 되었습니다.

금융투자 소득세가 도입된다면 그에 맞춘 전략을, 유예된다면 또 그에 맞는 전략을 준비하면 됩니다. 모든 절세전략은 안정적인 세법이 유지된다는 상태에서 모색이 될 수 있습니다.

제대로 된 자산관리는 투자에만 집중된 것이 아니라 절세까지 확장되는 게 최종 자산관리의 개념입니다. 많은 사람이 투자의 여력이 없다고 생각하면 절세계좌에도 관심이 없는 경우가 많은데 아무리 소액이라도 세금을 1,000원 낼 걸 900원만 내도 절세입니다. 조금이라도 세금을 줄일 수 있는 방식을 계속 찾아가는 게 좋습니다.

세알못 - 대표적인 절세계좌에는 무엇이 있나요?

택스코디 - 투자자들이 꼭 가져야 할 세제 혜택 상품으로 금융 절세계좌를 추천합니다. 대표적인 절세계좌로는 연금계좌와 개인종합자산관리계좌(ISA)입니다. 연금계좌는 납입액에 대한 세액공제가 가능합니다. ISA는 운용하다가 의무가입 기간인 3년이 지난 후 회수하거나 투자 종료 시 비과세나 분리과세 혜택이 주어집니다.

금리가 상승하면서 많은 사람이 정기예금으로 옮겨갔는데 이는 세제 혜택은 없는 반면 ISA 계좌에서 정기예금과 유사한 수익률을 주는 안정적인 상품을 담으면 수익에 대한 비과세 혜택도 누

릴 수 있습니다. 스스로 정기예금과 유사한 상품을 찾아내는 안목
만 있다면 ISA 계좌를 통해 얼마든지 세금까지 면할 수 있습니다.

마지막으로 건강한 투자를 통해 적당한 세금을 내는 것이 이상
적인 투자입니다. 몰빵 투자나 과도한 레버리지를 일으켜 감당일
안 될 정도의 투자를 하다 보면 기형적인 세금을 내는 경우가 있
습니다. 아는 것이 중요하고 아는 만큼 전략이 나옵니다.